U0681549

领你走进西藏

一部学术探险与拓荒的经典

地中海与东方学国际研究协会

INTERNATIONAL ASSOCIATION OF
MEDITERRANEAN AND ORIENTAL STUDIES

北京大学考古文博学院

SCHOOL OF ARCHAEOLOGY AND MUSEOLOGY,
PEKING UNIVERSITY

丛书名称

亚欧丛书 EurAsia Series

Founded by **发起人**

尼奥利（意大利亚非研究院 院长）
GHERARDO GNOLI (Istituto Italiano per l'Africa e l'Oriente, President)

赵辉（北京大学考古文博学院 院长）
ZHAO HUI (School of Archaeology and Museology,
Peking University, Dean)

Directed by **执行干事**

魏正中（北京大学考古文博学院）
GIUSEPPE VIGNATO
(School of Archaeology and Museology, Peking University)

达仁利（地中海与东方学国际研究协会）
FRANCESCO D'ARELLI
(International Association of Mediterranean and Oriental Studies)

—— 1 ——

亚欧丛书　EurAsia Series

1

梵天佛地

［意］图齐　著

魏正中　萨尔吉　主编

上海－罗马　SHANGHAI-ROMA

上海古籍出版　地中海与东方学国际研究协会

SHANGHAI CLASSICS PUBLISHING HOUSE　ISMEO - INTERNATIONAL ASSOCIATION OF MEDITERRANEAN AND ORIENTAL STUDIES

责任编辑

吴长青

总目录

致　读　者

距朱塞佩·图齐里程碑式的巨著 *Indo-tibetica* 的汉译本《梵天佛地》第一版，以及与之相关的对图齐生平事迹和论著全景式概览的文集——《探寻西藏的心灵》——的出版已逾八年，我们怀着欣慰之情见证了此项出版事业在国际学术界的有口皆碑。书中的致谢揭示了这一延续十年之久的科研项目的谨严性，在此期间，前意大利亚非研究院院长，已故的尼奥利(G. Gnoli)教授，以及时任北京大学考古文博学院院长的赵辉教授的支持尤为重要和根本。

汉译本《梵天佛地》初版由上海古籍出版社精心编辑、出版发行，该书尽管以精装本的形式印制，仍然取得了不俗的销量，为此，出版社决定以平装本的形式对《梵天佛地》予以再版，这既是出于更好地分享图齐论著的良好愿望，同时也是对该书畅销的最好证明。

由于种种原因，2011 年岁末，意大利亚非研究院结束了其科研文化活动，对国际学术界而言，迄今为止，这一事件仍然毫无道理，而且是不可估量的损失。然而，业已支持过意大利亚非研究院科研活动的学术团体在 2012 年成立了地中海与东方学国际研究协会(International Association of Mediterranean and Oriental Studies, ISMEO)。地中海与东方学国际研究协会的建立既是为了避免意大利亚非研究院智识遗产的散佚，也是为了承续其科学研究的旨趣。与上述动因遥相呼应，上海古籍出版社决定以地中海与东方学国际研究协会的学术合作为依托，继续出版《亚欧丛书》。该系列的第三辑《犍陀罗石刻术语分类汇编》(2014 年)、第四辑《犍陀罗艺术探源》(2015 年)、第五辑《龟兹寻幽：考古重建与视觉再现》(2017 年)已先后出版。今日《梵天佛地》平装版的出版亦可视为双方合作卓有成效的结晶。

魏正中和达仁利

TO THE READER

Over eight years after the publication of the first Chinese edition (2009) of the monumental *Indo-tibetica* by Giuseppe Tucci, and the companion volume reporting the life and work of Tucci, *Seeking the Soul of Tibet*, we can register with satisfaction the success of this publishing project in the international scientific community. An acknowledgment that reveals the validity of a scientific project that lasted ten years, during which the support of the late Prof. Gherardo Gnoli, former President of the Istituto Italiano per l'Africa e l'Oriente (IsIAO), and Prof. Zhao Hui at the time Dean of the School of Archaeology and Museology of Peking University, was fundamental and vital.

The Chinese edition of *Indo-tibetica*, masterfully printed by Shanghai Classics Publishing House, has had in recent years a wide distribution, although produced only in hardback format. The same edition of 2009 will be provided to the public in paperback format, due to the willingness of the publisher sharing more works by Giuseppe Tucci and in the mean time affirms as a bestseller.

At the end of 2011, the Istituto Italiano per l'Africa e l'Oriente (IsIAO) concluded its scientific and cultural activities, an event determined by different causes which till now still appears to the international scientific community as an unjustified fact and an irreparable loss. Nevertheless, the scientific community, who already supported the IsIAO research, founded in 2012 the International Association of Mediterranean and Oriental Studies (ISMEO). ISMEO was also created to avoid the dispersion of the patrimony of IsIAO knowledge and in order to inherit its scientific purposes. Following precisely these motivations, Shanghai Classics Publishing House has decided to take advantage of the scientific collaboration of ISMEO in publishing EurAsia series. Numbers 3 (D. Faccenna, A. Filigenzi, *Repertory of Terms for Cataloguing Gandharan Sculptures*, 2014), 4 (P. Callieri, A. Filigenzi, L. M. Olivieri, *At the Origin of Gandharan Art*, 2015) and 5 (A. F. Howard, G. Vignato, *Archaeological and Visual Sources of Meditation in the Ancient Monasteries of Kuča*, 2017) of EurAsia series have been published, and the present paperback edition of *Indo-tibetica* may be considered as a successful result of this collaboration.

Giuseppe Vignato and Francesco D'Arelli

亚欧丛书总序

在逝世二十五年后的今天,毕其一生于学术探险与拓荒的朱塞佩·图齐(Giuseppe Tucci, 1894～1984)提出的联合各族群和文明的崇高理念,仍然生机勃勃,激发着后继者的热情。对此,最雄辩的证据就是这位伟大的东方学家于1932至1941年在意大利皇家学院出版的四卷七册里程碑式的巨著,*Indo-tibetica*［印度—西藏］中译本《梵天佛地》的出版。因此,以这部译著作为意大利亚非研究院和北京大学考古文博学院共同组织、魏正中(Giuseppe Vignato)和达仁利(Francesco D'Arelli)编辑的“亚欧丛书”的第一种,是再合适不过的了。

以“亚欧”作为意大利和中国研究机构联合组织出版的系列丛书的标题可以追溯至图齐视亚欧大陆从史前时代就为一体的核心理念。此种一体在亚欧间不同文明的彼此接触中、在东西方重大历史事件的持续内在联系中、在文化交流和商贸政治往来中、在宗教哲学思想建构间的实际互动中历历可见。它突破了文明史和政治史研究领域的种族中心论和狭隘的局限性,揭示了“亚欧”这一主题:尽管其中的构成元素丰富多彩,但它的定位并不仅仅出于从大西洋到太平洋的地理概念,更是如同这一地域般辽阔的精神内涵。

一直以来,图齐都在致力于拆除“东方和西方数个世纪因误解而形成的隔阂”,消解“所有最伟大的灵魂历练均来自于我们西方世界,尤其是地中海地区的自负”——此种诱惑,对任何时空下但凡拥有伟大文治武功传统的文明而言似乎都无法抗拒。

图齐认为东西方联合的肯綮在于人文传统的交互往来,而意大利文明和中国文明在东方和西方的交流中扮演了至关重要的角色,并且至今仍跋涉于先辈智者们找寻共鸣而非对立的漫长征途之上。

也正是出于这一崇高的目的,图齐创建了意大利中东和远东研究所(今更名为意大利亚非研究院)。

然而,图齐的理念需要不断体现在具体的行动中。1999 年北京大学考古文博学院魏正中开始策划《梵天佛地》的翻译工作。意大利亚非研究院立即认识到这项工作的重要意义,并且,它还可能成为意大利与中国学术界切实合作的开端,因此给予了该项目尽可能的帮助。而在大陆的另一端,北京大学考古文博学院也以同样的热情,对这项工作提供了支持。2008 年 4 月,北京大学考古文博学院院长赵辉教授一行访问了意大利亚非研究院。当年稍晚时候,意大利亚非研究院图书馆馆长达仁利回访了北京大学考古文博学院。通过两次访问,我们在加强双边学术交流方面达成了更广泛的共识,包括学者互访、培养学生、交流学术出版物和学术信息、共同编辑出版“亚欧丛书”以及策划开展合作研究等等。这个意愿的达成,可再次借用图齐的话——并非基于“政治上突然的心血来潮,而是以思想、科学、智慧和艺术为其永恒基石”。

如今,随着《梵天佛地》的出版发行,我们双方共同迈出了至关重要的第一步。毫无疑问,我们还将共同创造美好的明天。

北京大学考古文博学院院长　赵辉

意大利亚非研究院院长　尼奥利

2009 年 11 月 5 日

EurAsia Series

It is touching to think that 25 years after his death, Giuseppe Tucci (1894 – 1984), in the wake of a lifetime as scholar and explorer, continues to unite peoples and civilizations through an idea that dynamically motivates his successors. Eloquent proof of this is the Chinese edition of the monumental *Indo-tibetica*, which the great orientalist published in seven volumes between 1932 and 1941 through the Reale Accademia d'Italia. There could be no more suitable initiative to inaugurate the series "EurAsia", so strongly desired by the Istituto Italiano per l'Africa e l'Oriente (IsIAO) and by the School of Archaeology and Museology, Peking University, and edited by Giuseppe Vignato and Francesco D'Arelli.

The very choice of the name "EurAsia" for a series jointly promoted by a Chinese and an Italian institution must be traced back to the core of Tucci's vision of the unity of the Eurasian continent since prehistoric times. This unity, which manifests itself in the contacts between the various different civilizations of Europe and Asia, in the continuous interrelations between the great historical events in the East and the West, in cultural exchanges and trade and political relations, in the actual interactions between the great edifices of religious and philosophic thought, rids us of all ethnocentric and provincial restrictions in the field of both the history of civilization and that of politics as such and reveals the identity of a subject that is held together not only by its geography but by its very soul, stretching as it does, despite the multiplicity of its constituent elements, from the Atlantic to the Pacific oceans.

Tucci was always a firm believer in the need to break down "that diaphragm between East and West edified by centuries of incomprehension" together with "the presumption that all the major adventures of the spirit took place in our western, and particularly Mediterranean, world": the same temptation, indeed, from which no other civilization having a great cultural and political tradition that has arisen in different contexts is exempt.

He specifically assigned to the humanistic tradition this unifying task, whereby the Italian and Chinese civilizations acted as disinterested cultural intermediaries between East and West, even today intending to continue the longstanding work of erudites and scholars, who have always sought points of convergence and not of contrast. Even his creature, the Istituto Italiano per il Medio ed Estremo Oriente, now Istituto Italiano per l'Africa e l'Oriente, may be said to have been established to pursue this noble aim.

And yet, the ideals of Tucci need to be constantly expressed in concrete actions. Thus, in 1999 Giuseppe Vignato of the Department of Archaeology of Peking University embarked on the translation of *Indo-tibetica*. In Italy we immediately realized the importance of this work and the possibility it opened up for concrete academic collaboration with Chinese institutions, and as a result, appropriate help was given to the project. Simultaneously in China, the School of Archaeology and Museology of Peking University supported this work with equal enthusiasm. In April 2008, a delegation led by Zhao Hui, Dean of the School of Archaeology and Museology of Peking University visited the Istituto Italiano per l'Africa e l'Oriente, and some months later D'Arelli visited the School of Archaeology and Museology of Peking University. On the basis of these two visits we reached a consensus on the importance of strengthening academic exchanges, including visiting scholars; the training of students; and exchanges of published material and scientific information. Not least of our agreements was the decision to co-edit "EurAsia Series", and to begin joint research work. The accomplishment of this objective — here once more we can borrow Tucci's words — is not based "on the uncertain whimsies of power, but on the immutable foundations of philosophy, science, knowledge and art".

Today, with the publication and distribution of the Chinese version of *Indo-tibetica* we take together the first firm step in the hope that it will help create even stronger Chinese-Italian collaboration and a better future for all.

Istituto Italiano per l'Africa e l'Oriente
President
Gherardo Gnoli

School of Archaeology and Museology, Peking University
Dean
Zhao Hui
5, 11, 2009

译　　序

呈现于读者面前的是意大利著名藏学家图齐(G. Tucci)的著作,原著题名为 *Indo-tibetica*, 即中国学术界所熟知的“印度—西藏”,汉译本更名为《梵天佛地》。

翻译这一著作的最初想法孕育于距西藏不远的崇山峻岭中。1999 年,北京大学考古系诸位师生在云南剑川石窟进行考古调查期间,在旖旎的山色中,翻译计划脱胎而出。

回到北京后,我们与帕尔马中国艺术博物馆的负责人谈及了这一项目,他们从一开始就充分信任这一项目,并且在这些年中一直予以支持。诸位襄助人士中尤其需要提及的是马利尼(F. Marini)和米拉尼(D. Milani)。在此,我们诚挚地感谢帕尔马中国艺术博物馆,没有他们的支持,《梵天佛地》的汉译工作就无法展开。

感谢意大利猞猁学院院长威森迪尼(E. Vesentini)为《梵天佛地》的汉译提供了免费版权。感谢意大利亚非研究院院长尼奥利(G. Gnoli)对这一项目自始至终的支持,为工作的最终圆满完成提供了诸多专门帮助。感谢北京大学考古文博学院在翻译过程中,尤其在最后阶段提供的诸多便利条件。我们也非常荣幸译本能被列入国家“十一五”重点图书出版规划项目。

《梵天佛地》的重要性对于藏传佛教、藏地考古、藏族历史和艺术等领域的研究者自不待言,书中提供的图版资料价值也弥足珍贵,它们记录了上世纪前半叶藏地部分佛寺塔廊古迹的状况,这些古迹在随后的岁月中遭到了不同程度的破坏,有些甚至损毁殆尽,使得部分图版成为它们所留下的唯一图像资料。鉴于原著所附图版质量不高,汉译本尽量采用了原始底片来冲印出版。《梵天佛地》前三卷的底片所有权属于意大利亚非研究院,现保存于意大利国家东方艺术博物馆,图齐照片档案室的负责人纳莱兹尼(O. Nalesini)不辞辛苦地帮助我们搜寻相关资料,查找底片档案,并予以修复冲印。《梵天佛地》第四卷的底片所有权属于马拉伊尼(F. Maraini),他是1937年随同图齐入藏考察的摄影师,老先生虽年逾九十,但仍然热情地为我们提供了出版所需的照片。

获得版权和图版资料后,在帕尔马中国艺术博物馆和意大利亚非研究院的大力支持下,汉译工作得以顺利展开。随着翻译的进行,在尽力解决其间出现的各种问题的过程中,译本也逐渐呈现出其特有的性质和定位。

《梵天佛地》原著为意大利文,涵盖了佛教学、文献学、考古学和艺术史等众多主题,书中引用了大量的梵文、藏文、汉文文献,翻译工作的难度可想而知。鉴于国内学术界的现状,我们在各个阶段,从各个方面和众多学者进行了通力合作,因此,该译本是诸多学者辛勤合作的结晶。

翻译肇始,我们所据的底本是《梵天佛地》的英译本[1],李翎翻译了第一卷、第三卷;何利群翻译了第二卷,并由李翎校对;熊文彬翻译了第四卷,并由陈庆英校对。

接下来的工作依据意大利原本进行。

首先,我们根据意大利原文,逐字逐句对译本进行了审校,部分进行了重译。除魏正中(G. Vignato)负责意大利文外,参加的人员有李志荣(负责第一、二卷)、萨尔吉(负责第三卷第一册、第四卷)、郑国栋(负责第三卷第二册)。

在核对意大利原文的过程中,我们的翻译理念也逐渐成熟:其一,为保持学术著作的严谨性,原著所引用的梵文、藏文、汉文文献需再次校对核实,同时,书中的一些疏漏、不确之处也需核实订正;其二,原著问世已逾半个多世纪,在此期间一些新的研究成果相继出现,我们也尽量在汉译中予以参考和体现;其三,原著探讨的是东方宗教哲学,受众则是西方读者,因此许多概念、论述以西方宗教哲

[1] Marina Vesci (translated by), Lokesh Chandra (edited by), *English Version of Indo-tibetica*, New Delhi, Aditya Prakashan, 1988 – 1989, 7 vols.

学为背景，汉译本则尽力想将这些概念、论述还原至东方宗教哲学，尤其是藏传佛教哲学的背景下来理解，并为这些概念、论述寻找合适的汉语表述。因此，我们的工作不仅仅是单纯的翻译，而是翻译加上校订和注解。

基于以上考虑，接下来的工作由萨尔吉和魏正中承担。

为了核实、规范原著所引藏文文献及其出处，我们前往意大利亚非研究院查阅了图齐收藏的相关藏文文献。除了极个别藏文文献无法找寻查阅外，我们对原书所引的藏文文献逐条进行了仔细核对。

《梵天佛地》第四卷第二册主要是对江孜十万佛塔题记的转录和译注，在处理题记的过程中，一些问题凸显而出，因此有必要予以核实。在国家文物局和西藏自治区、日喀则、江孜各级文物管理部门的许可和支持下，我们前往西藏江孜实地考察了原始题记，对每间佛殿的题记进行了重新核对。不仅修订了原著的录文，而且发现了录文的多处遗漏，这些遗漏从个别词句到整间佛殿的题记不等，总量约占全部录文的三分之一。在实地考察的基础上，我们对全部题记予以了转录，题记的汉译则根据藏文予以直译。为了体现藏文行文的风貌，藏文的偈颂部分汉译用偈颂体翻译，字数亦与藏文的音节数一致。我们相信，完整、忠实地转录和翻译十万佛塔的所有题记也是图齐发表题记的初衷。

由于条件所限，关于塔波寺部分题记的核实，我们参考的是新近的研究成果〔1〕。

通过以上工作，我们修订了原著所用资料中的不确和疏漏之处，相应地，这些引文资料的汉译也直接依据的是原始文献，除了原著没有特别指明文献出处的极个别的例外。

逐步地，译本进入了精审校注的阶段：我们对照意大利原文，再次对译本进行了审校，以译者注的形式添加了图齐本人在

〔1〕 L. Petech and C. Luczanits (edited by), *Inscriptions from the Tabo Main Temple. Texts and Translations*, Roma, Istituto Italiano per l'Africa e l'Oriente, 1999.

后续著作中对原著的修订、补充和说明，以及其他学者所指明的原著疏漏，还有我们所能尽力参考的引用文献的相关汉译和最新的研究成果。原著中描述古迹的不确和疏漏之处根据文献和实地考察结果予以修正，明显的印刷错误则直接予以改正。原著对参考和引用的文献多为简略标注，我们则遵循当今的学术规范统一处理，予以补充完善，这项工作由达仁利(F. D'Arelli)和萨尔吉承担。

原著参考的藏文文献中有些是珍本、孤本，在国内很难寻获，为了嘉惠学人，意大利亚非研究院同意我们影印出版原著未予刊布的部分藏文文献。

出于便利阅读此书的考虑，我们还增添了一些插图。为了正确定位原著提供的十万佛塔各间佛殿的壁画图版，也为了更容易理解原著对壁画的描述，根据实地考察成果，我们在汉译中增添绘制了十万佛塔部分佛殿示意图。

为便于读者更好地利用译本，我们将原著各卷册索引予以补充完善，并且单独成册，在字词索引外，增添了主题索引和译名对照表。

在长达十年的翻译工作中，我们从诸多机构和个人得到了慷慨的资助，他们是：帕尔马中国艺术博物馆、意大利中央银行、意大利亚非研究院、北京中国学中心、加里帕尔马银行、北京大学考古文博学院、钦哲基金会、罗穆阿尔多·德·比安科基金会、胡玉川和刘蕊伉俪，在此，我们向他们表示诚挚的感谢。

翻译工作得到了诸多学者的大力襄助，孙华、E. De Rossi Filibeck、林敬和(E. Rossetto)、田沛(P. Field)、M. Clemente、F. Sferra、M. De Chiara、达微佳，以及北京大学考古文博学院的一些同学给我们的工作提供了不同的支持，在此我们向他们表示深深的谢意。还有诸多人士对本书的翻译出版提供了各种建议，限于篇幅，无法在此一一列举，谨向他们表示衷心的谢意。

上海古籍出版社为了推动学术，与意大利亚非研究院共同承担了译本的出版。在编辑校对过程中，我们深深地感受到出版社同仁在处理这样杂有诸多文字的繁难译本中不辞辛苦、认真负责的精神，在此我们向上海古籍出版社表示由衷的谢意。

虽然我们多方努力，力求精准，但由于我们学识浅陋，译本可能还存在着过错疏漏，敬请方家不吝赐教。

魏正中　萨尔吉
2009 年 11 月 5 日

Foreword and Acknowledgements

The idea of translating *Indo-tibetica* by Giuseppe Tucci, the twentieth-century Italian scholar-explorer, into Chinese germinated in the summer of 1999 when professors and students of the Department of Archaeology of Peking University were carrying out fieldwork on the Buddhist caves of Jianchuan, Yunnan province. In this beautiful mountain area not far from Tibet the project took form and came to life.

Back in Beijing, we contacted the Parma Chinese Art Museum to put forward our intention of translating Tucci's monumental work. They believed in this project from its very beginning, and sustained it through these past years, for which we express our deepest gratitude to all members, in particular to Francesco Marini and Domenico Milani. The Chinese translation of *Indo-tibetica* is first and foremost a gift of the Parma Museum of Chinese Art to China.

We also express our thanks to Edoardo Vesentini, President of the Accademia Nazionale dei Lincei, who granted free of charge the copyrights for the translation of the work in Chinese. We are also indebted to Gherardo Gnoli, President of the Istituto Italiano per l'Africa e l'Oriente (IsIAO), Rome, who fully supported the project; IsIAO supplied data and expertise for the completion of our task. The School of Archaeology and Museology of Peking University extended its assistance especially in the closing stages of the project by granting us much-needed time and practical help, for which we are very grateful. We were honoured that the publication was included in the

National Important Books of the Eleventh Five-Year Plan of the Central Government of the People's Republic of China.

The importance of Tucci's *Indo-tibetica* in the study of Tibetan Buddhism — its archaeology, history and art — is well known to all scholars in this field and to Buddhologists at large and does not need to be emphasized here; however, we would like to give some background on the handling of the photographic material. The latter's importance will increase with the passing of time as it is a faithful record made prior to 1950 of the state of conservation of several temples and in some cases the only extant record of monuments which no longer exist. The printing quality of the plates published in the original *Indo-tibetica* is poor; consequently, in the present Chinese edition an effort has been made to recover the original films and develop fresh prints from them. The photographic material of the first three volumes is preserved in the Tucci Photographic Archives of IsIAO, kept in the Museo Nazionale d'Arte Orientale 'Giuseppe Tucci', Rome. After Oscar Nalesini located the films, they were restored and printed at the expense of IsIAO. The photographs of Gyantse belonged to Fosco Maraini, the photographer of the 1937 expedition. When contacted he was over 90 years old, and he enthusiastically offered a fresh reprint of his photographs to be used in the current project.

Having been kindly granted access to documentation and copyrights from the Accademia Nazionale dei Lincei, IsIAO and Fosco Maraini, and with the important collaboration of the Parma Museum of Chinese Art and of IsIAO, the translation work began in China. The work gradually assumed its own physiognomy and identity as we solved many challenging problems that arose during the course of the work. The present translation is the result of the collaboration of a group of scholars who participated in different ways at different stages, whose invaluable help is acknowledged below.

A draft translation into Chinese from the English version of *Indo-tibetica*[1] was carried out by Li Ling (vols. I, III), He Liqun (vol. II), and Xiong Wenbin (vol. IV); He Liqun's and Xiong's translations were revised by Li Ling and Chen Qingying.

From this point the work proceeded on the basis of the Italian original text and the original documentation in Tibetan, Sanskrit and Chinese. A verification of this preliminary Chinese text vis-à-vis the Italian original was undertaken jointly by Giuseppe Vignato and the Chinese scholars Li Zhirong (vols. I, II), Saerji (vols. III - I, IV), and Zheng Guodong (vol. III - II), respectively.

The scrutiny of Tibetan and Sanskrit texts by Saerji revealed the presence of many errors in Tucci's transcription which needed to be corrected. We decided to verify all the textual sources against the respective originals used by Tucci, consulting the Fondo Tucci Tibetano in the library of IsIAO in Rome. The transcribed inscriptions of the Great Stupa of Gyantse presented similar discrepancies; although specific studies have been carried out in China and in the West, the inscriptions had never been verified since Tucci's time. Fieldwork was carried out with the aim of assuring that our publication would include the temple inscriptions comprehensively and accurately. Extensive omissions were found in Tucci's transcriptions, amounting to about a third of the total text: the missing portions were copied and included in the text, respecting Tucci's intention to transcribe and translate all the inscriptions of the Great Stupa. We wish to thank the State Cultural Relics Bureau, the Cultural Relics Bureau of Tibet Autonomous Region, the Cultural Bureau of Shigatse Prefecture, and the Gyantse authorities for facilitating this task. The inscriptions of the temple of Tabo were verified using photographs and recently published

[1] Marina Vesci (translated by), Lokesh Chandra (edited by), *English Version of Indo-tibetica*, New Delhi, Aditya Prakashan, 1988 - 1989, 7 vols.

scholarly research.[1] In this way we corrected mistakes and omissions found in all the textual sources and documents used by Tucci. Furthermore, the Chinese translation of all documents available in these volumes has been carried out directly from the original Tibetan and Sanskrit texts, with the notes of Giuseppe Tucci preserved. In the few cases where we could not locate the original text and verify its validity, we used Tucci's version.

Step by step, the text has undergone critical scrutiny whereby corrections, additions, clarifications, whether made by Tucci in subsequent works or indicated by reliable scholars, have been taken into account; obvious printing mistakes have been corrected; mistaken names and locations of temples' images have been corrected on the basis of data collected during our fieldwork; foreign text and Tibetan documents used by Tucci and now available in Chinese language have been indicated in the notes; and finally, Tucci's notes, compiled according to the conventions of his time and sometimes simplified and incomplete, have been modified to meet modern standards, a work carried out mainly by Francesco D'Arelli. As a result, the present text is now based on an up-to-date critical approach.

To help the reader to comprehend Tucci's descriptions and discussions, we included additional visual material such as the layout of temples and their chapels. The maps of the Great Stupa of Gyantse were added with the specific intent of enabling the reader to follow more closely the descriptions and the correct positioning of the images reproduced in plates illustrating the décor of the chapels. The other maps were taken from published material. Since some documents utilized by Tucci are difficult to find in China, IsIAO gave permission

[1] L. Petech and C. Luczanits (edited by), *Inscriptions from the Tabo Main Temple. Texts and Translations*, Roma, Istituto Italiano per l'Africa e l'Oriente, 1999.

to publish a reproduction of two texts from the Fondo Tucci Tibetano which were not included in the original version of *Indo-tibetica*.

In order to ensure terminological consistency we prepared synoptic tables of all the Tibetan and Sanskrit terms Tucci employed and supplied their corresponding Chinese translation. This reference material forms an additional volume together with the indexes.

We are grateful for financial help with the project from the following generous donors: Museo d'Arte Cinese, Parma; Banca d'Italia, Roma; Istituto Italiano per l'Africa e l'Oriente (IsIAO), Roma; The Beijing Centre for Chinese Studies, Beijing; School of Archaeology and Museology of Peking University, Beijing; Caripama e Piacenza; Hu Yuchuan and Liu Rui, Beijing; Khyentse Foundation, San Francisco; Fondazione Romualdo Del Bianco, Firenze.

Many people have helped in various ways through these years; we extend thanks to Sun Hua, Elena De Rossi Filibeck, Enrico Rossetto, Pat Field, Michela Clemente, Francesco Sferra, Matteo De Chiara, Da Weijia, and the students of the School of Archaeology and Museology, who provided specific expert contributions, and to others whose support was more general but appreciated.

The success of this project depended also on the involvement of a reliable publishing house. We wish to acknowledge the work of the Shanghai Classics Publishing House and of IsIAO, the co-publisher.

Although this work is the outcome of a team of collaborators, Giuseppe Vignato and Saerji assume sole responsibility for any imprecision or errors. We entrust this translation to the present and future scholars who will devote their energy and knowledge to further the understanding of Tibetan culture.

Giuseppe Vignato and Saerji
5, 11, 2009

译著凡例

《梵天佛地》是图齐最重要的藏学著作之一，内容浩博，涵盖佛教文献学、佛教图像学、印藏佛教艺术史、藏传佛教建筑史等诸多领域；旁征博引了大量的梵藏文献写本和刻本，以及实地考察所获取的藏文题记；还随附诸多今已不可得见的古迹、壁画、文物的珍贵图版。无论就书中内容而言，还是就书中所含的第一手资料而言，该著皆为藏学研究领域的丰碑。为了尽可能忠实地再现原著的独特风貌和历史学术价值，由各学科领域的专家学者组成的汉译小组以严谨的学术态度反复研读原著，字斟句酌，整个翻译历时十年始告竣。

本着忠实于原著以及方便读者阅读和参考的准则，针对原著正文、注释和附录文献等方面涉及的翻译事项，制定如下凡例。译者说明则附于各卷册之首。

原著涉及的梵藏文文献、天众尊号、人名、地名、术语等的罗马字母转写，首出者译本给出转写，同时为了方便读者阅读和熟悉这些词汇，于其重复出现而又相隔较远的情况下再次附上转写；梵藏文同时对举的，梵文在前，藏文在后；原著给出藏文原文的，译本在给出原文的同时附上转写；藏文的罗马字母转写图齐有自己的方式，译本则一律改成现今国际通行的威利(T. Wylie)转写，两者的对应参见总凡例随附的对照表。

除已有约定俗成的专门译名，梵文人名采用意译，藏文人名采用音译，音译藏文人名时，音近的藏文尽量采用不同的汉字，为的是表明藏文音节的不同，例如，byang 音译为“降”，而 ’jam 则音译为“绛”；其他术语尽量参考汉译佛典予以意译。为了清楚表明梵藏文的原意，一些术语采用直译，例如，rnam thos sras 不译为“多闻天”，而译为“多闻子”。原著以拼音形式标注的汉字，译本径直还原；原著对梵藏词汇的意大利文解释予以省略。例如，kapāla，thod pa，coppa fatta con teschio umano，译文：颅器(kapāla，thod pa)。

原著涉及藏文地名能还原出藏文的写出藏文转写，地名若在中国境内，则参照相关地图和文献标注出汉译；部分藏文地名在文献中有不同的拼法，为方便起见，使用统一的汉译名，而在括号中写出对应的拼法；一些地图上没有标注、又缺乏相关征引资料的地名，只好采用原著转写，并给出音译。

原著征引的梵藏文献的标题转写以斜体表明，并且给出标题汉译，以方括号[ ]的形式指明；文献若有对应的汉译文本，则以译者注的形式予以说明；原著对梵、藏、汉文献的征引或翻译，均尽量核对原文献，予以补充完善，并给出相应的汉译，汉译或以引号表征，或以楷体表明。

原著征引藏文大藏经目录时所用的参考文献不太一致，总体而言，[甘珠尔]部分主要使用了日本大谷大学编的目录以及贝克(H. Beckh)编的柏林写本目录，[丹珠尔]部分主要使用了科尔迪埃(P. Cordier)编的目录和日本东北帝国大学编的德格版目录。但原著在具体引用藏文大藏经时给出的则是那塘版的函数、页码。鉴于部分目录出版年代较早，不易查询，译本在保留原著征引的藏文大藏经目录的同时，予以补充完善，并且以译者注的形式给出日本东北帝国大学编的德格版目录号，以《西藏大藏经总目录》标明。

由于出版年代较早，原著征引前人成果的注释体例与现行方式不同，译本尽量统一为现行通用体例。对原著中征引但未给出注释的前人成果，以及首次出现的所引文献的出版信息均予以补充完全，再次出现时则给出著者名、书名(文章标题)、页码；所引文献若有汉译本，以译者注的形式注明。图齐本人及其他学者在后期研究中对原著所作的修正、补充、完善，尽量予以参考，并在书中相应之处以译者注的形式标明，译者注中征引的参考文献若为后出，则以方括号[ ]表明。书末所附参考文献在原书的基础上补充完善，但不涉及原书引述的梵藏文的写本和刻本、汉文典籍，以及译者注中征引的文献。

附录梵文文献依据原著给出梵文原文，藏文文献则给出藏文原文和转写，并且均予以汉译。

为便于读者查阅，译本在图版处增补正文相关描述的页码。

原著所附地图予以保留，并将其中涉及的重要地名予以汉译。

为了便于读者与原意大利文本相参证，汉译本在正文页边以斜体阿拉伯数字标出原著页码，附录和图版部分则不再标注。

为了统一各卷册的译名术语，译本将原著索引予以补充完善，并且单独成册，在字词索引外，增添了主题索引和译名对照表。

图齐与威利藏文转写对照表

藏 文	ཀ	ཁ	ག	ང	ཅ	ཆ	ཇ	ཉ	ཏ	ཐ	ད	ན
图齐转写	ka	k'a	ga	ṅa	ca	c'a	ja	ña	ta	t'a	da	na
威利转写	ka	kha	ga	nga	ca	cha	ja	nya	ta	tha	da	na
藏 文	པ	ཕ	བ	མ	ཙ	ཚ	ཛ	ཝ	ཞ	ཟ	འ	ཡ
图齐转写	pa	p'a	ba	ma	tsa	ts'a	dsa	wa/va	ža	za	'/ạ	ya
威利转写	pa	pha	ba	ma	tsa	tsha	dza	wa/va	zha	za	'a	ya
藏 文	ར	ལ	ཤ	ས	ཧ	ཨ	ཨི	ཨུ	ཨེ	ཨོ	གཡས	
图齐转写	ra	la	ša	sa	ha	a	i	u	e	o	γyas	
威利转写	ra	la	sha	sa	ha	a	i	u	e	o	g.yas	

亚欧丛书 EurAsia Series

1

梵天佛地

第一卷

西北印度和西藏西部的塔和擦擦

——试论藏族宗教艺术及其意义

[意] 图齐 著

魏正中 萨尔吉 主编

上海-罗马 SHANGHAI-ROMA

上海古籍出版社 地中海与东方学国际研究协会

SHANGHAI CLASSICS PUBLISHING HOUSE ISMEO-INTERNATIONAL ASSOCIATION OF MEDITERRANEAN AND ORIENTAL STUDIES

译 者 说 明

附录(一)关于塔的藏文文献原著仅给出转写,汉译本则增加了藏文原文,并且将藏文原文调整至前,转写调整至后;同时与图齐所用原文献进行了核对,对其中不一致之处以译者注的形式给出。第一篇藏文文献为偈颂体,每节九个音节,汉译翻译为每节七个字。

附录(二)梵文文献未能找到图齐所用原文献,因此随顺原著,给出原文。梵藏文献图齐均给出了意大利文的译文,汉译则以梵藏原文为准,尽量直译,为求文意顺畅,原文中没有而汉译所加的字句以圆括号(　)标明。

图版部分:图版 2-4 据底片冲印,其余图版未能找到更详细的档案和更清晰的底片,只好根据原著翻印。同一图版中的不同照片原著编为 a、b、c 等等,在论及其中的某一照片时,译者以图版号. a、图版号. b、图版号. c 等表示。例如图版 16 中的不同擦擦,以图版 16. a、图版 16. b、图版 16. c 等表示。

目　录

前　言 7

本卷是关于出版、梳理并研究大量考古材料、写本和文献资料的一套丛书的首卷，是我长期留驻印度和藏地探险所得。其中包含了亲身体验，就更深刻地理解仪式涵义、艺术品理念及教义内容而言，它们比单纯熟悉文献更有价值。

丛书的题目(*Indo-tibetica*)标示了我将要特别关注的领域——当然不限于此——印度和中国西藏，这不仅基于二者地理上的相邻，更在于其文化上的紧密联系和依从。除了汉地的影响，以及留存大量前佛教的神祇，藏地的文明和成就尤多受启于伟大的印度经验，尤其是佛教。僻居静寺或驻锡于僧众繁聚大寺的藏地大德以非凡的虔诚持续地注疏经论，认真勤奋地追随那烂陀寺(Nālandā)、超岩寺(Vikramaśīlā)、飞行寺(Odantapuri)等著名僧伽蓝伟大贤师的足迹，深化了成就者的修证体验。

我们东方学者至今最关注的是历史和年代问题，这种基础工作
肯定有益，甚至必要，但绝不应当使我们偏离探究教理内涵的研究 8
宗旨，而仅关注它们的年代先后。这也部分解释了研究佛教优先使用汉文文献的原因，其包含有其他文献绝无仅有的年代数据方面的重要信息，特别是关于佛教黄金时期的参照年代。但是，如果我们想要理解文献中雄辩但隐晦的辞藻所隐含的教理价值和内容并恰当地评估其精神内涵，藏文文献对我们弥足珍贵。当然，藏族并不乏相关的史志著作，相反，它们在重建晚期佛教、梳理藏传佛教各派相关事件及其沿革方面无可比拟，同时还间接照亮了印度最晦暗的一段历史。然而，浩如烟海的藏文文献的价值不仅于此。各派众多的注疏家——从噶当派(bka' gdams pa)到格鲁派(dge lugs pa)，从宁玛派(rnying ma pa)到噶举派(bka' brgyud pa)——对浩繁的经论进

行了注释、评注、解释和说明，尽管由于恪守印度传统而缺少创造性，但这些著作并不缺乏敏锐和深度。无论如何，它们不仅有助于我们从文献学的角度理解显密经论，而且更有助于我们掌握经论的确切含义，并将其译介为日常语言，且对指引印藏大德禅修生活的成就产生适当的理解。

藉此我们可以更好地理解佛教，并且——既然印度的神哲思想
9 彼此密切关联，而且佛陀的教法对整个东方影响深远——我们亦可逐渐深入地理解印度心灵和广义的东方精神。东方不应当只作为文献学训练的广阔领域而受到关注，它是生活着鲜活多彩生命的世界，而且正顺应历史的召唤与我们建立更广泛和直接的协作。

研究复杂且领域宽广、要求精通多种语言文献、难于穷尽文献和考古资料，加之目前还难以捉摸到文明和经验间看似不相干却由隐秘而出乎意表的暗流彼此链接的枢纽，若要完成总括全局的研究或许还为时尚早。我们要做的是尽可能透彻研究具体问题，并且就目前条件对能有所斩获的东方民族的思想、生活、艺术等方面作一局部综述。

只有这样我们才有可能最终破解仍然困扰东方文明史的许多盲点。

按惯例，引用的文献放在附录，且随附译文。这样，即使非专业人士也同样可以跟踪我们的研究。在距离逐渐消失、民族间日趋邻近并企望相互了解、新兴精神意欲理解所有经验并再次尝试诸道之际，这对我们的文化不无裨益。

第一部分

塔和擦擦 11

西北印度和西藏西部塔和擦擦的造型、起源、意义及传播

一、关于塔的藏文文献 13

据我所知，西藏西部散布着比卫藏更多的塔(mchod rten)[1]：沿途而建的特殊纪念物，或独立，或成群，或由刻着 oṃ maṇipadme hūṃ[2]的嘛呢经墙连接。mchod rten 本意为供养所依处，相当于梵文的 caitya(支提)或 stūpa(窣堵波)。

窣堵波形制多样，按照藏族传统，被归为八大类，每一类都取自印度原型，据佛传，它们分别建于佛教文献记载的释迦牟尼生活和说法的城市。这些类型不一的塔在藏文文献中屡次提及，并非仅为炫示渊博，而是出于实用目的，即制订和确定建塔时必须遵守的量度规程。目前我所知的此类文献有：萨班(sa skya paṇ chen)的一部论书；通过其他文献得知，但未曾亲见的布顿(bu ston)的一部短论[3]；洛卓桑波(blo gros bzang po)的 *bde bar gshegs pa'i sku gzugs* 14
kyi tshad kyi rab tu byed pa yid bzhin nor bu［善逝身像量度论・如意宝］以及第悉・桑结嘉措(sde srid sangs rgyas rgya mtsho)为藏地最伟大的历算论著 *vaiḍūrya dkar po*［白琉璃］所作的注疏和补充——*vaiḍūrya dkar po g.ya' sel*［白琉璃论・除疑答问］。我并不是说，藏地有关塔的文献就局限于以上列举的材料。当对雪域众多寺院中

---

〔1〕 在萨特莱杰河(Sutlej)上游并不如拉达克多。

〔2〕 Oṃ, o Maṇipadmā, hūṃ.

〔3〕 译者注：图齐后来发现布顿的这一短论，在《梵天佛地》第四卷，第二册，第 428 页提到了其出处：*byang chub chen po'i mchod rten gyi tshad byin slabs dpal 'bar*［大菩提塔量度・加持祥焰］，*bu ston thams cad mkhyen pa'i bka' 'bum*［遍知布顿文集］，pha 函。

浩繁的藏书作系统的调查、将散布在欧洲和美国文库中所有书籍编目后[1]，也许会对我已搜求的文献有所增补，但我以为，就这个题目而言，不会再有更详细和完整的信息了。

一般来说，藏族学者的创见只表现在注疏上，在其他方面他们对印度原著或被视为权威的藏族前辈的著作保持着或多或少的忠诚。

由于佛塔在藏民族的宗教和艺术生活中扮演着重要角色，我将我目前所见到的上述第三和第四部文献中论述藏地窣堵波的印度原型并提供了建筑学方面的精确信息和营造方法的章节抄录并翻译作为附录一。但因藏文文献学刚刚起步，而这两部论书充满了今天可用的词典中或未收录或不曾给出恰当解释的技术和建筑学专门词汇，翻译并非易事。

15 尽管这类文献与通常考虑西藏问题时吸引注意力的文献有很大差异，其重要性毋庸质疑，因为它提供了目前所知寥寥无几的藏民族技术知识和实践活动的虽很少却有趣的线索[2]。为了更好地理解附录一的译文，这里先给出文献所描述的莲聚塔、菩提塔的立面图（插图 1. a，插图 2）。为更加清楚起见，还以相同比例配附一幅唐卡(thang ka)上的塔及其立面图（图版 1，插图 1. b）。这样有助于明确了解藏族建筑师使用的通常是象征性术语的关于塔各部分的真正涵义。否则，就算我把它们直译过来，如不明白与某词确切对应的塔的部位，所译的词语仍然几乎无法理解。

研究这些文献可以获得藏民族绘制建筑物草图的方法、建筑物各部分的比例关系、测量方式及建筑术语等某些值得关注的信息。正如下文即将论及的，由于藏地继承了印度传统，从中也可对仅有残篇断简留存的印度建筑学文献有一个大致了解。

看来，藏族艺术家把塔分为独立的两部分：塔座和塔身——如

〔1〕 崔比科夫的目录中题名为 *sku gsung thugs rten thig rtsa mchan 'grel can me tog 'phreng ba mdzes zhes bya ba*［身语意所依尺度具释·花鬘严饰］。该论书应该包含关于塔的某些信息。G. Tsybikov, *Musei Asiatici Petropolitani Notitiae*, VII, p. 74, n. 27.

〔2〕 这里我要向工程师加拉维里奥(Chiaraviglio)致谢。他不仅按比例画出文献中描述的塔图样，并且帮助我正确地理解文献中许多技术性的内容。

同塑像,这意味着塔座被看作附属部分。本卷图版中擦擦上的塔通 17
常没有塔座。

塔的各部比例都直接记在首先画的一条垂线上,或以此线为量度的基准。它是整个设计图的中轴线,文中称为梵线(tshangs thig), 18
对应于梵文的 brahmasūtra 或 brahmadaṇḍa。总之,与画师(lha bris pa)为表现某个形象起稿的过程是相同的。

此外,支提的古典类型——原始佛教的支提,因造型雷同而被传为阿育王(Aśoka)所建——逐渐让位于日趋复杂的其他类型。塔渐次上收,塔瓶(aṇḍa)变小,伞轮倍增,塔刹直跃苍穹。富歇(Foucher)将塔的所有类型分为三类[1],其实远不止此。胜地的新建筑出于宗教的虔诚和尊崇,往往变成某一类塔的原型,数量无限倍增。现已无法知道决定建筑形式变迁的成因是出于偶然,还是某种程度上有意识地对已知类型的发展、简化,或是对更深奥纯粹理念的象征性表达。某类型的消长取决于最初建塔之地的重要程度,或是建塔缘起和神迹的传说在信众中产生的反响。于是,对各处圣迹似乎任性的偏爱、某种疾病痊愈或某些偶然事件引发的联想几乎都促使信徒对它们产生崇拜,致使支提得以很容易地传布迁徙。

二、与印度建筑文献的关系

我们不知道这类技术性文献在多大程度上是独创的或是源于 19
印度,但藏地广为流传的图像学论著也以印度制订的工巧论(śilpa)为底本,其中规定了建筑师、塑画师绘制、塑造、模制和描画各种形象时所必须遵循的准则。支提类建筑概莫能外,况且在传统上它已被简化为屈指可数的类型,同时也不应忽略教众赋予了窣堵波和支提与天众身像等同的圣义。总之,它们是宗教艺术,而不是世俗艺术,这意味着塔通常由僧人督建,甚或由僧人亲建;建塔不允许偏离

[1] A. Foucher, *L'Art gréco-bouddhique du Gandhāra. Étude sur les origines de l'influence classique dans l'art bouddhique de l'Inde et de l'Extrême-Orient*, Paris, Imprimerie Nationale E. Leroux, 1905, vol. I, pp. 65ff.

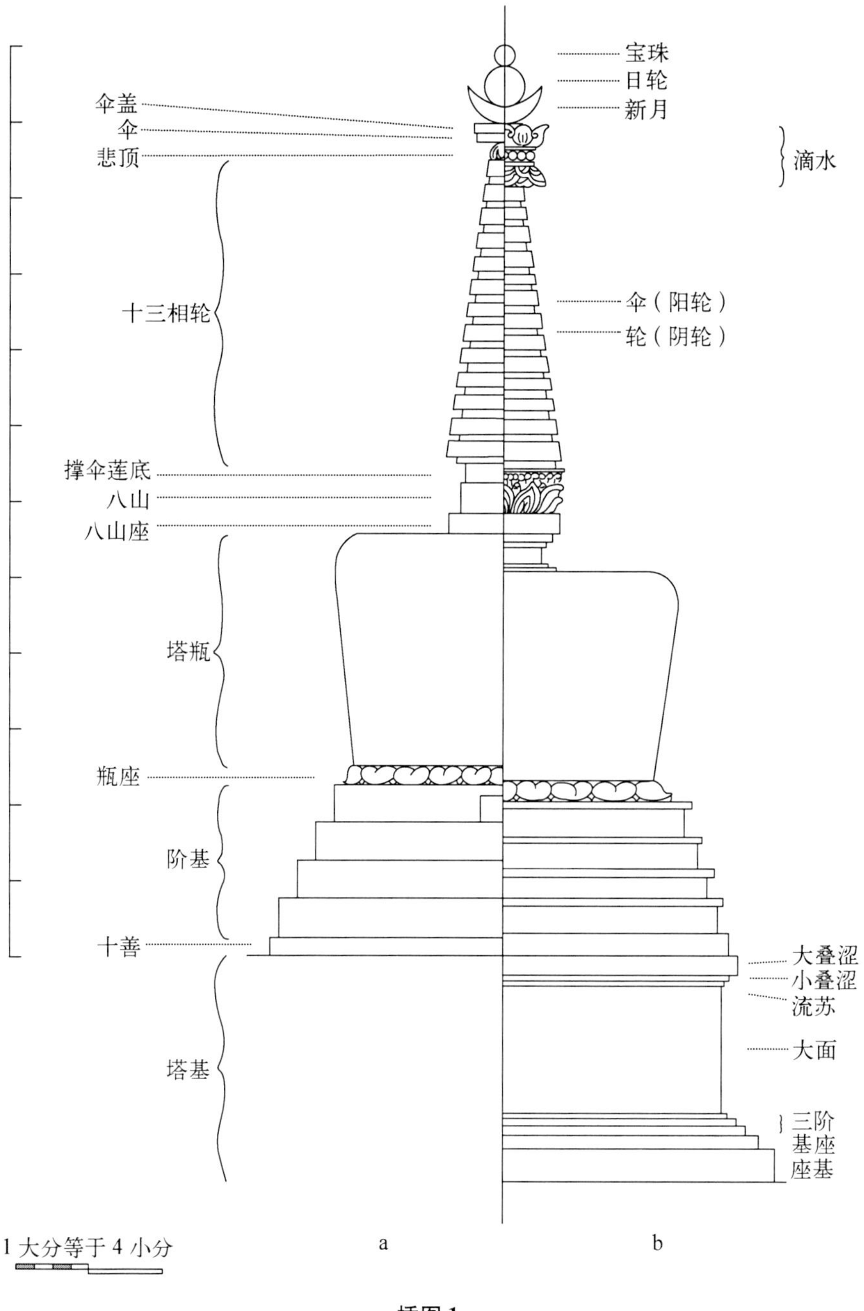
宝珠
日轮
新月
伞盖
伞
悲顶
滴水
十三相轮
伞（阳轮）
轮（阴轮）
撑伞莲底
八山
八山座
塔瓶
瓶座
阶基
十善
大叠涩
小叠涩
流苏
大面
塔基
三阶
基座
座基
1 大分等于 4 小分
a
b

插图 1

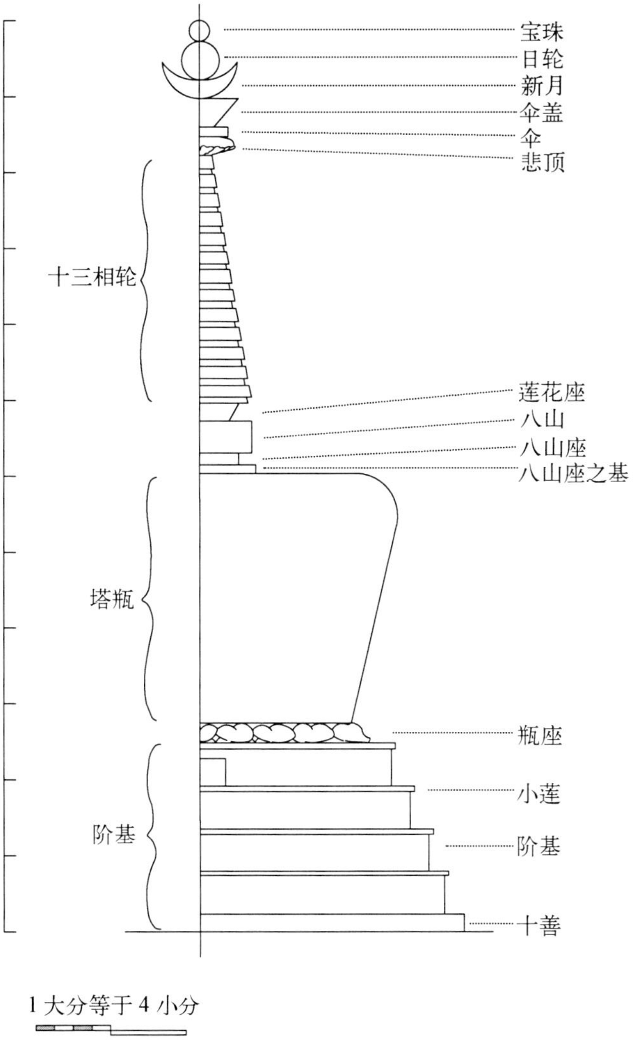
宝珠
日轮
新月
伞盖
伞
悲顶
十三相轮
莲花座
八山
八山座
八山座之基
塔瓶
瓶座
小莲
阶基
阶基
十善
1 大分等于 4 小分

插图 2

约束规定一切法事的固定精确的基本规则。

对此或许有反对意见，因为 *bstan 'gyur*［丹珠尔］中并不缺图像学论著，却不见建筑类论书的踪迹。这种异议不切要害：首先，藏人掌握的印度文献远远超过了［甘珠尔］、［丹珠尔］所包含的。其次，卓尼版(co ne)［丹珠尔］中有一篇布顿翻译的有关支提特征的论书 *mchod rten gyi mtshan nyid ston pa bu ston lo tsa'i 'gyur*［宣说塔之相性——布顿译师译］[1]。此外，［丹珠尔］释怛特罗部(rgyud 'grel)中有一部论书[2]，藏文名为 *mchod rten gyi cha rnam par dbye ba*
20 ［塔各部分别］[3]，此论书在那塘版(snar thang)总目录中也没有收录；显然它只是一个残片，因为它缺少通常题写的梵文标题、作者、译者和译出地；更甚者，它被窜入其他大半关于仪轨的论书；但在开头的一叶半上，还是包含了关于支提各部分结构的精确信息，以及建造支提时要牢记的各部比例，至少这一段的确是有关建塔的简要手册，无可辩驳地证明藏民族接受的关于塔各部位的象征性术语完全师承于印度。紧接着，论书列出了印度所有支提的八种基本类型，这与附录一文献［善逝身像量度论·如意宝］完全一致。据此说明这个残片的来源看来并非难事。洛卓桑波(blo gros bzang po)的论书中除作者特意记录的可能由布顿稍作的改变外，与该残片的字句——除受偈颂格式限制稍有修正外——明显一一对应，可见其完全录自该残片。在谈及支提各部分比例的那段结尾，两个文本的对应变得完全一致，洛卓桑波提及其所引文献的作者是俱生游戏(lhan cig skyes pa'i rol pa[4])，他尤其以写过一些成就法

〔1〕 B. Laufer (hrsg. und übers.), *Das Citralakshaṇa nach dem tibetischen Tanjur*, Leipzig, O. Harrassowitz, 1913, p. 57.

〔2〕 P. Cordier, *Catalogue du Fonds Tibétain de la Bibliothèque Nationale. Index du Bstan-ḥgyur (Tibétain 108－179)*, Paris, Imprimerie Nationale E. Leroux, 1909, II, p. 359, n. 139. *bstan 'gyur*［丹珠尔］，释怛特罗部(rgyud 'grel)，tu 函，第 179 叶。
译者注：该论书在德格版中阙。

〔3〕 即 *Caityāṃśavibhāga*，比科尔迪埃所提出的 *Caityavibhāga*［支提分别］更恰当些。

〔4〕 Sahajavilāsa，而不是科尔迪埃所说的 Sahajalalita。

(sādhana)而知名[1]。另一份有关支提构造的印度材料是一部短小的写本,现存剑桥大学[2],由于该写本第一叶和第二叶每行末尾字母漫漶,使这部以晦涩术语写就的文本理解起来更加困难。 *21*

三、八塔的印度原型

文献的比较研究证明其基本一致,唯一值得注意的在于印度八类窣堵波——按文献所认可的传统,它们是藏地塔的原型——的所在地及建塔缘起。为更清楚地显示文献之间的差异,最好的方法是列表逐项进行比较。表一左栏表示与俱生游戏(Sahajavilāsa)完全一致的洛卓桑波(blo gros bzang po)的文本,右栏表示 *vaiḍūrya dkar po g.ya' sel* [白琉璃论·除疑答问]的内容[3]。

---

〔1〕 B. Bhattacharyya (edited by), *Sādhanamālā*, Baroda, Oriental Institute, 1928, vol. II, p. CXV.
我未将这段藏文残片收入附录中,因为在欧洲各大国的首都都能找到 *bstan 'gyur* [丹珠尔]。而且洛卓桑波(blo gros bzang po)的文本内容更细致、更广泛,也更容易理解。然而,为了使洛卓桑波的文本更清楚或在某种程度上使它更完整,我引用了俱生游戏(Sahajavilāsa)的文本中某些独特的材料。

〔2〕 C. Bendall, *Catalogue of the Buddhist Sanskrit Manuscripts in the University Library Cambridge*, Cambridge, Cambridge University Press, 1883, p. 201, VI, Add. 1070－1076, fol. 1－3a.

〔3〕 另一份名录参见 Cordier II, p. 358, n. 129: *'phags pa kun nas sgor 'jug pa'i 'od zer gtsug tor dri ma med par snang ba'i gzungs bklag cing mchod rten brgya rtsa brgyad dam mchod rten lnga gdab pa'i cho ga mdo sde las btus pa* [念诵圣佛顶放无垢光明入普门陀罗尼及契经中所集一百零八支提和五支提建立仪轨], *bstan 'gyur* [丹珠尔],释怛特罗部(rgyud 'grel), tu 函,第 154 叶。
在这份材料中的八窣堵波为:蓝毗尼(Lumbinī)诞生塔;金刚座(Vajrāsana,即菩提伽耶 Bodhgayā)菩提塔;舍卫城(Śrāvastī)神变塔;波罗奈斯(Benares)法轮塔;王舍城(Rājagṛha)降服大象护财塔(Dhanapāla, nor skyong);天降塔,没提出地点;吠舍离(Vaiśālī)纪念猴子供蜜塔;末罗国(Malla)涅槃塔(Mahāparinirvāṇa)。
译者注:该论书参见《西藏大藏经总目录》第 3069 号。

表一

洛卓桑波			白琉璃论·除疑答问		
窣堵波名	地　点	建造者	窣堵波名	地　点	建造者
天降塔	迦毗罗卫 (Kapilavastu)	净饭王 (Śuddhodana)	天降塔	桑迦尸国 (Sāṅkāśya)	当地居民
菩提塔	摩揭陀 (Magadha)	阿阇世王 (Ajātaśatru)	菩提塔	王舍城 (Rājagṛha)	频婆娑罗王 (Bimbisāra)
神变塔	拘尸那揭罗 (Kuśinagara)	末罗居民 (Malla)	神变塔	祇园 (Jetavana)	离车子 (Licchavi)
法轮塔	波罗奈斯 (Benares)	梵授王 (Brahmadatta)			
迦腻迦塔 (Kanika)	吠舍离 (Vaiśālī)	离车子 (Licchavi)			
多门塔 胜者塔	舍卫城 (Śrāvastī)	波斯匿王 (Prasenajit)	多门塔	波罗奈斯 (Benares)	五跋陀罗 (pañcabhadra-vargīya)
具光塔	测给 (Tshad ge)	询集达拉王 (Śuncidala ?)	具光塔 和合塔	王舍城 (Rājagṛha)	祇陀太子 (Jeta)
莲形塔	底噶迦西 (Tikacaśi)	天主 (Indrasvāmin)	莲聚塔	迦毗罗卫 (Kapilavastu)	净饭王 (Śuddhodana)
			涅槃塔	拘尸那揭罗 (Kuśinagara)	末罗居民 (Malla)
			加持塔 尊胜塔	吠舍离 (Vaiśālī)	当地居民

我们已经指出前一部论书可以找到出处，但显然 *vaiḍūrya dkar po g.ya' sel* [白琉璃论·除疑答问]作者的信息也相当古老并且无疑来源于印度传统，对此现存汉译佛典中有两首赞颂亦可作为明证：其一可能由戒日王(Śīlāditya)撰，法贤于公元 1001 年音译为汉文[1]；

〔1〕 列维将之还原为梵文。S. Lévi, "Une poésie inconnue du roi Harṣa Śīlāditya", in *Actes du dixième Congrès international des Orientalistes*, Leide, E. J. Brill, 1897, première partie, pp. 187 – 203.
译者注：即《八大灵塔梵讚》,《大正藏》第 32 册，经号 1684。

另一首也由法贤所译，散韵相杂，其中罗列了八大支提，顺序如下： 23

1. 净饭王都迦毗城　龙弥你园佛生处
2. 摩迦陀泥连河侧　菩提树下成正觉
3. 迦尸国波罗奈城　转大法轮十二行
4. 舍卫大城祇园内　遍满三界现神通
5. 桑迦尸国曲女城　忉利天宫而降下
6. 王舍大城僧分别　如来善化行慈悲
7. 广严大城灵塔中　如来思念寿量处
8. 拘尸那城大力地　娑罗双树入涅槃[1]

该名单与 *vaiḍūrya dkar po g.ya' sel*［白琉璃论・除疑答问］完全一致，说明两份资料均源于印度传统，同时也清楚表明文中描述的八窣堵波与那些为供养释迦牟尼舍利而建的窣堵波不同。释迦牟尼涅槃后，肉身被荼毗，传说舍利被分成八份，分得舍利的国王或部族将之供奉于八窣堵波中，但据不同的传统也有十或十一窣堵波的说法，这在汉文文献中有迹可寻，［白琉璃论・除疑答问］的作者也有所回应；这种窣堵波才是真正的舍利塔，而作为藏民族造塔原型的八大支提，只是建在佛传所述圣地的纪念性建筑。它们与墓葬、舍利塔无关， 24
可分成两组，四个纪念佛陀本行，四个是他最著名的神变：

表二

本　行	神　变
诞生	忉利天下降[2]
成道	舍卫城大神变
初转法轮	吠舍离神变
涅槃	息诤

总之，大乘经典印证了富歇(Foucher)通过文献和考古调查研究最古老的佛教支提演变而得出的结论，即支提并非都为保存遗骨而

[1] 《八大灵塔名号经》，《大正藏》第 32 册，经号 1685，第 773 页上栏。
[2] 译者注：原书写作兜率天(Tuṣita)下降。

建，它们大多数富有象征意义，对此后文将予以阐释。

四、为何建塔

因此，我们不应将矗立于青藏高原、源自印度的形态多样、大小各异的塔仅归因于葬仪。不排除部分塔确实是为安放高僧大德的身骨，或为供养迎请自印度的舍利而建[1]，但通常它们仅仅是纪念性建筑，或因某一殊胜因缘、或为供养者及其眷属积集功德、或为还愿而建。
25 造塔属于以造像、抄经、建寺来弘法或供养佛菩萨的诸多善业之一。我所搜集的许多题记中均提到了藏地信众所作的三业，分为三方面：身、语、意(sku gsung thugs)，用 oṃ, ā, hūṃ 三个音节来象征[2]。身

[1] 汉文文献也证实了有在高僧墓上建窣堵波的情况。J. Legge (translated and annotated by), *A Record of Buddhistic Kingdoms being an Account by the Chinese Monk Fa-hien of His Travels in India and Ceylon (A. D. 399 – 414) in Search of the Buddhist Books of Discipline*, Oxford, Clarendon Press, 1886, pp. 40, 53; S. Julien, *Mémoires sur les contrées occidentales traduit du sanscrit en chinois, en l'an 648, par Hiouen-thsang*, Paris, Imprimerie Impériale, 1857, vol. I, pp. 112, 317.
译者注：《高僧法显传》，《大正藏》第51册，经号2085，第860、865页中栏；《大唐西域记》，《大正藏》第51册，经号2087，第888页上栏，第892页中栏。

[2] 在藏地密教中如此重要的三业说，同样也来自印度。赋予 oṃ, ā, hūṃ 三个音节以密意，将它们当作金刚身、语、意的象征——坚固不变的真如的化现——肇始于与 *Guhyasamāja*［密集］有关的学派，其从噶当派(bka' gdams pa)和噶举派(bka' brgyud pa)起就被认为是成就和证悟的根本引导。该经的整个第十一章(paṭala)诠释了这三个音节的密意，其中说：

> oṃkāraṃ jñānahṛdayaṃ kāyavajrasamāvaham | āḥkāraṃ bodhinairātmyaṃ vākyavajrasamāvaham | hūṃkāraṃ kāyavākcittaṃ trivajrābhedyam āvaham ||
> oṃ为智心髓，获得金刚身；āḥ菩提无我，获得金刚语；hūṃ为身语意，获无分三金刚。

汉译完全不同：

> 唵字为智本，即身金刚平等；阿字法无我，即语金刚平等；吽字不可坏，即心金刚平等。

《大正藏》第18册，经号885，第479页上栏。
译者注：《佛说一切如来金刚三业最上秘密大教王经》。

所依(sku rten)指圣像,这里指通常刻于嘛呢经墙壁龛内嵌石板上的身像;语所依(gsung rten)指承载佛语的契经,这里指遍及嘛呢经墙的六字真言;意所依(thugs rten)指的是塔和神殿(lha khang)。 26

在详述此类纪念物的目的和特征时,借助于铭文和文献资料,我们能更好理解支提在大乘信众宗教生活中的涵义,并且能够重构推动支提建造的甚深信仰。

这项研究不无裨益。

探究建造支提的动机可以发掘藏地信众的宗教心理,这也许比班智达和论师纯粹的理论更有价值,因为它反映了佛教信仰在民众中传播时所呈现的具体而生动的形态。

如前所述,塔和嘛呢经墙的建造在藏地一般没有丧葬含义,即使有,也是次要的而且肯定稀见,因为在我调查的数以百计的有铭文的塔中,铭文提示没有一座是为供养高僧舍利而建。相反,正是塑造藏民族整个生活的甚深宗教理念——师承于印度大德,并且有过之而无不及——激发了建塔灵感。

建塔并不仅仅意味着以具象实体表达自己的信仰,而且还是施行佛教谆谆倡导的难行有益的善业之一——布施(dāna)。布施者在财施、身命施、法施之际,实践舍离——至少在那一刹那——利他胜过自利。佛教正是把布施视作清信士生活中应一贯行持的六或十波罗蜜(pāramitā)之首。

正如文献所记,法施最为殊胜,其开示解脱教法,教授涅槃胜 27
道,以自身行持将厌离(udvega)置入他人之心——使我们摆脱庸常生活,并且使心意专注于日常视而不见但比勤苦的微小利乐更鲜活、更实在、更真实的事相。难道塔和嘛呢经墙的建造不是法施、不是将总摄教法的偈颂依托于塔或石来弘法吗? 确实,这些支提以法身支提(dharmakāyacaitya)著称[1],以区别于供养佛陀和高僧舍利(śarīra, sku gdung, ring bsrel)的窣堵波。因此,我们随后将看到,塔所容纳的、或在塔的开光仪式上作为教法心髓(hṛdaya, snying po)装

〔1〕 Cordier II, p. 358, n. 129. *bstan 'gyur*［丹珠尔］,释怛特罗部(rgyud 'grel), tu 函,第154叶。

藏的擦擦经常压印有总摄整个教法的缘起法颂：

> ye dharmā hetuprabhavā hetuṃ teṣāṃ tathāgathaḥ |
> hy avadat teṣāṃ ca yo nirodha evaṃvādī mahāśramaṇaḥ ||
> 诸法从缘起，如来说是因；彼法因缘尽，是大沙门说。

当密教成为主流时，擦擦上应压印陀罗尼(dhāraṇī)，即对经义或怛特罗注疏多少有点费解的总结。例如，通常在佛塔开光仪式上念诵的 *Vimaloṣṇīṣa*［无垢顶髻］和 *Vijayoṣṇīṣa*［佛顶尊胜］。

28 如此，建塔意味着再次宣说佛法，意味着以作为整个弘法动力的言传身教来促进平和的皈依。因此，据一部经说，一个人造支提时要发愿：

> 供养承事一切有情中最尊无上佛宝，一切法中最尊无上法宝，一切众中最尊无上僧宝，增长善根，世间天人恒常增长护持善法。[1]

支提具有的这种特征亦由造塔的前行和正行仪轨证实，其中规定要念诵经文[2]。在大乘佛教界优先选择 *Prajñāpāramitā*［般若波罗蜜多］、*Suvarṇaprabhāsa*［金光明］、*Ratnakūṭa*［宝积］和［无垢顶髻］等。此种念诵实际上称为法施(dharmadāna, chos sbyin)。考虑到激发造塔的如上原则，对在塔中放置整套经书就不会感到诧异，最近的中亚考古调查对此类装藏屡有斩获，包括斯坦因(Stein)新近在吉尔吉特(Gilgit)的幸运发现。这一习俗文献中有记载，相关仪轨文书也有规定。例如，在关于造支提功德的一部经中可以读到：

> 于彼塔内藏掩如来所有舍利、发、牙、髭、爪，下至一分，或置如来所有法藏十二部经，下至于一四句偈。……

---

〔1〕 Cordier II, p. 358, n. 139. *bstan 'gyur*［丹珠尔］，释怛特罗部(rgyud 'grel)，tu 函，第 155 叶。
译者注：［念诵圣佛顶放无垢光明入普门陀罗尼及契经中所集一百零八支提和五支提建立仪轨］，原书此处为意译，核对藏文后，采取了直接引用的方式。

〔2〕 Cordier II, p. 358, n. 129. *bstan 'gyur*［丹珠尔］，释怛特罗部(rgyud 'grel)，tu 函，第 150 叶。

> “诸法因缘生，我说是因缘，因缘尽故灭，我作如是说”。如 29
> 是偈义名佛法身。……若有众生解了如是因缘之义，当知
> 是人即为见佛。[1]

作为施造者恒常虔信之所依，路过佛塔的人们，信解礼敬之情油然而生，他会发愿、供养、右绕(pradakṣiṇā)礼拜，即他会施行许多种植善根的善行，从而在今生和来世得到果报。

综上解释了小乘和大乘佛典诸多文句所劝令的以各种方式礼拜(vandanā)支提的原因[2]。佛教并不在意布施的多寡，而主要强调内心的诚挚和自愿。

因此，在藏人的宗教心理中，建塔者为自己修功德的同时，又利益他人，他可以被称为善知识(kalyāṇamitra)，从而实现了佛教的一项基本要义：自利利他(parātmahita)。

我所说的这些由说明造塔缘起的铭文所证实，它们通常刻于石上，与其他许多以藏文、兰札、乌尔都等字体镌刻藏传佛教祈愿文的石块相混杂。借用印度术语，造塔者被称为檀越、施主(dānapati,
yajamāna, sbyin bdag po, yon bdag po)。实际上，这些建筑的高昂 30
费用不只花费在庆典上，其中很大一笔用于开光，作为迎请僧人的供养。铭文显示造塔或是为个人及其已故眷属得解脱(tshe ’di ’das

---

〔1〕《佛说造塔功德经》,《大正藏》第16册，经号699，第801页上、中栏。

〔2〕参见 É. Senart (edited by), *Le Mahāvastu*, Paris, Imprimerie Nationale, 1890, vol. II, pp. 378ff; H. Shastri (edited by), *The Vṛihat Svayambhū Purāṇam Containing the Traditions of the Svayambhū Kshetra in Nepal*, Calcutta, The Asiatic Society, 1894 – 1900, pp. 126 – 127; *Aśokāvadāna-mālā*［阿育王譬喻鬘］第十品(J. Przyluski, *La légende de l'Empereur Açoka* (Açoka-avadāna) *dans les textes indiens et chinois*, Paris, P. Geuthner Éditeur, 1923);《右绕佛塔功德经》(《大正藏》第16册，经号700)；以及阇延多主(Jayanta Bhaṭṭa)指出的佛教仪轨中不可或缺的礼拜支提仪式：

> Nāstyātmā phalabhogamātram atha ca svargāya caityārcanam
> 无有阿特曼，唯有受用果，敬拜支提为(生)天(界)。

Tailaṅga, Gaṅgā-dhara Śāstrī (edited by), Jayanta Bhaṭṭa, *Nyāyamañjarī*, Benares, E. J. Lazarus and co., 1895, vol. VIII, part I, p. 467.

pa thar lam thob pa'i phyir)，或是为自己孩子的福祉和财富(don du, bkra shis)祈求神，或是为众生的利益。因此，一般的铭文在结尾处总有：sems can thams cad sangs rgyas gyur cig 愿一切有情成佛！

这简短的愿文概括了大乘赞颂或仪式中不同的祈愿，其实是佛教所称的誓愿(praṇidhāna)；因为若无发心，就不能施行任何类似的业行或仪式。但是，对大乘佛教而言，誓愿不像繁复的印度教仪式中随意说出的意欲(saṃkalpa)，它是一句庄严的誓愿，是求取一切有情追求的至上菩提(bodhi)的誓愿。发大誓愿者将要踏上漫长而艰辛的菩萨道，因为发心不能与行持分离[1]，其基本前提是为他人而
31 不惜身命。换句话说，菩萨发心求取菩提非出于自度，而是因为他知道他能以成就誓愿来利益广大有情。

愿文还有两方面的涵义：一方面，因建造塔寺或修善而获福德(puṇya)；另一方面，为众生捐弃福德，以我们的善根功德利益那些仍旧在无明暗障中的有情，这就是回向(pariṇāmanā)，即大乘佛教的基本行持之一。

构建藏地信众意念的大乘佛教学派的宗教心理学揭示了造塔的双重动机：一是菩提心，一是悲(karuṇā)，大乘佛教的整个行持都以此两轴而展开。据一部由梵文翻译而来的汉文佛经，菩提心和悲是建造支提的必要前提，因为，若人欲建支提时，甚至在前行仪轨之前，就要"于一切众生起大悲心而为先导，以菩提心而为根本。"[2]

综上所述，建造支提是有助于我们清净的众多善业之一，或如佛教徒所说，是福德资粮(puṇyasaṃbhāra，第一阶段)。除了极个别的例外，涅槃或觉悟是漫长而艰辛的过程，短期内无法实现。首先

---

[1] 寂天(Śāntideva)在 *Bodhicaryāvatāra*［入菩萨行论］第一品第十五颂中说：略摄菩提心，当知有二种，愿求菩提心，趣行菩提心。G. Tucci, *In cammino verso la luce di Çāntideva*, Torino, Paravia, 1925, p. 4.
译者注：该论的汉译参见《菩提行经》，《大正藏》第32册，经号1662，此处的汉译参考的是台湾释如石的新译：寂天造，如石译，《入菩萨行》，高雄：谛听文化，1998年，第5页。

[2] 《佛说造塔延命功德经》，《大正藏》第19册，经号1026，第726页中栏。

必须行持有漏善与无漏善，因为只有如此，离染得净的自心才能通达般若，只有清净的人才能得到智慧资粮（jñānasaṃbhāra，第二阶段）。因此，一方面，依戒行持能带来增上生(abhyudaya)的人天福报；另一方面，作为决定胜(naiḥśreyas)的解脱只属于通达佛法者[1]。 32

五、刻塔和小塔

以上论及的藏地窣堵波的性质有助于我们考量作为功德而刻造的佛塔的其他发展。

当造塔条件不具备时，为了修功德或还愿，不一定要造一座真正的塔。据佛教教义，行为的发心最为重要，藏人——当然还有他们的老师，印度人——都相信刻划塔或造小塔亦有功德。弗兰克(Francke)所阐述的沿印度河两岸、拉达克地区阿济寺('a lci)附近无数刻划的塔可以证明此点[2]，其并非孤例，因为在靠近每一座寺院或路边的任何一块岩石或卵石上，尤其在较古老的教法中心都有类似的图像。并且，如我们将要看到的，许多擦擦就是沿途的徒步朝圣者用一点泥土和沙子迅速捏制的小塔。此处藏人亦追随了印度 33
人，我们前面引用的俱生游戏(Sahajavilāsa)的残篇清楚地说明支提不仅可以建造，“也可以在土、石头上被智者按照规矩刻划，或者用土、石、木头堆积。”[3]考古发现证实了文献，在印度不乏很好地刻

[1] 增上生(abhyudaya)和决定胜(naiḥśreyas)是圣者龙树(Nāgārjuna)在*Ratnāvalī*［宝行王正论］中对个体净治所分的两个阶段。
译者注：该论汉译参见《大正藏》第32册，经号1656。

[2] A. H. Francke, "Notes on Rock Carvings from Lower Ladakh", *The Indian Antiquary. A Journal of Oriental Research*, 31, 1902, pp. 398－401; A. H. Francke, *Dritte Sammlung von Felszeichnungen aus Unter-Ladak*, Leh (Ladakh), Missions-Presse, 1902.

[3] Cordier II, p. 359, n. 139. *bstan 'gyur*［丹珠尔］，释怛特罗部(rgyud 'grel)，tu 函，第179叶：yang na sa'am rdo dag la / mkhas pas tshul bzhin brko bar bya / sa'am rdo'am shing dag gam / yang na tshogs pas brtsigs par bya /。
译者注：该论书题名为［塔各部分别］。

划在岩石上的塔的例子，例如瓦德尔(Waddell)在乌仁(Uren)山上的发现[1]。

不二金刚(Advayavajra)的*Kudṛṣṭinirghātana*［除灭恶见］[2]证明用泥土或其他材料随意起塔是印度人的习俗；另有前述汉文译本，其中提到拓制支提的模具，这显而易见指的是小塔而非实际造塔。

不二金刚描述的仪式，就是用沙子和泥土捏成一个小型支提，然后开光[3]。显然捏制的这个支提就成了遍布世界的所有支提的象征。

如轨摹制小塔所获功德与建造无数支提相同，礼拜它和礼拜千
34 万个支提效果一样[4]。可以说，这是一种方便，以避免佛教——与印度教一样——虽不强制但信徒惯常必须进行的漫长、昂贵、艰险的朝圣之旅，但将构建和劝令此种仪式的背景归于实用目的是错误的。大乘佛教主张万法唯心：我们虚妄分别诸法，因此缘起法产生的生灭之相被无明(avidyā)缠覆的我们执著为实有，而其不过是梦幻泡影。因此，造业并不一定要实在从事，当我们造业时，业的因缘和果报，即使显现给我们以某种有相，实际上仅仅是无明所产生并执其为实有的虚妄分别(vikalpa)和计度(saṃkalpa)。

此观点对围绕大乘佛教及其繁复仪轨的奇异氛围作了铺垫和促进，它是不二金刚所描写的仪式的心理前提，更广泛地说，也是在内心生成、期望、表现，但不是实际从事的观想供养的心理前提，正

---

[1] L. A. Waddell, "Discovery of Buddhist Remains at Mount Uren in Mungir (Monghyr) District, and Identification of the Site with a Celebrated Hermitage of Buddha", *Journal of the Asiatic Society of Bengal*, 61, 1892, pp. 1-24, pl. II.

[2] 译者注：藏译参见《西藏大藏经总目录》第2229号。

[3] H. Shastri (edited by), *Advayavajrasaṁgraha*, Baroda, Oriental Institute, 1927, p. 8.

[4] 同样的原则在前引汉译佛经中也有：《佛说造塔延命功德经》，《大正藏》第19册，经号1026。经中说：以俱胝陀罗尼，加持其泥二十一遍，造一佛塔如造一俱胝佛塔。一俱胝(koṭi)：一千万。
译者注：原书此处为意译，现经核对，直接引用汉译佛经。

如寂天(Śāntideva)在 *Bodhicaryāvatāra*［入菩萨行论］第二品中的描述和总结。

六、造塔仪式

翻译不二金刚(Advayavajra)所述捏制、开光小支提的全部仪式及陀罗尼并非毫无用处。这样我们对还有待于系统研究的——估计需时尚久——但特罗仪式错综复杂的一面会有个大致了解。

> "唵！南无世尊大日如来、光明王、如来、圣者、正等正觉！所谓：oṃ, sūkṣme sūkṣme | same samaye[1] | śānte dā- 35
> nte | samārope | anālambe | prabhārave[2] yaśovati mahāteje nirākule |[3] nirvāne[4] | sarvabuddhādhiṣṭhānādhiṣṭhite | svāhā。"
>
> (主持者)对一把土或沙念诵此陀罗尼二十一遍，然后用它做支提，于此有多少俱胝极微尘，就有多少俱胝支提被建造，因此(主持者)也将获得极微尘(数)般的福德，他将成为十地自在[5]，迅速成就无上正等正觉。世尊大日如来如是说。
>
> (主持者)当以缘起法颂"诸法从缘起，如来说是因；彼法因缘尽，是大沙门说"来开光，然后诵："唵！南无世尊宝幢王、如来、圣者、正等正觉！所谓：oṃ ratne ratne mahāratne ratnavijaye[6] svāhā!"并顶礼支提。由此陀罗尼，顶礼一支提等于顶礼千万支提。[7]

以上未作翻译而保留了梵文原文的是陀罗尼(dhāraṇī)，即总摄

[1] 藏文：samaya prasamaya。
[2] 梵文：tarambe。
[3] 梵文：nirākulanirvāṇe。
[4] 藏文：ninirvāṇakatseni。
[5] 菩萨修行的最高阶位。
[6] 藏文：ratnabodhi。
[7] 译者注：梵文原文见 H. Shastri (edited by), *Advayavajrasaṁgraha*, p. 8。

佛法基本要义的一种记忆术，因其不合语法，更像象征而非充分、完
36 整的字句。若不借助某一学派解释，其密意通常仍然无法理解。表面上的费解，便使它们很容易转化为真言(mantra)，或更正确地说，被认作真言，即呼召、降神和作法的口诀[1]。

藏人也从不翻译这些陀罗尼，陀罗尼和真言至今在汉藏地区保持音译，而且因费解及与之必然相伴的神秘感，它们被看作佛法最神圣及最有效的象征。

例如，在不二金刚引用的第一段陀罗尼中，就再次出现了大乘教法和密意的术语，对于皈依者它将唤起如来藏(Tathāgatagarbha)最通常的一些性质，如来藏超越念念生灭、但非实有的诸法，其潜藏于诸法之中，同时又成为诸法的否定。

Sūkṣme：微妙，指无法通过感观或逻辑论证获知的存在，非理性的观修的对象。

Same：平等，暗示与诸法实相平等，诸法是其自身，因此等同于samaye。

Śānte, dānte：静，指的是内心平静，调伏诸根，即获得证悟必须具备的功德。

Samārope：该词与 apavāda 有不可分离的相关性。Samāropa 为增益，即错误地给予诸法其没有的性质，apavāda 为损减，即否定诸法具有的性质。

Anālambe 或 nirālambane：无所缘(ālambana)是实相的性质，标明了佛教唯识学派的基本原则，即认识不是来自外境，而是唯识无境。

37 Prabhārave：我怀疑藏文转写是否准确，梵文肯定有讹误。这个词应当是 prabhāsvare，明净，指无分别的本来清净的诸法的根本性质。

Yaśovati mahāteje：具光辉、大光，延续了前面的特征。

Nirākule：无疵，以否定的形式表达同样的概念。

Sarvabuddhādhiṣṭhānādhiṣṭhite：诸佛威神所加持，它暗示了诸佛所示之真谛。

---

[1] G. Tucci, "Notes on the Laṅkāvatara", *Indian Historical Quarterly*, 4, 1928, pp. 545–556.

在第二段陀罗尼中，以"ratna"（宝）的三次重复暗示了象征佛教的佛、法、僧三宝，也暗示了最重要的宝：菩提。

但不要以为不二金刚(Advayavajra)保留的是密教僧众遵循的唯一仪轨(vidhi)。慷慨施主(dānapati)在某地建造真正支提的仪轨和不二金刚描述的造小支提的仪轨有所不同，虽然它们与擦擦具有同样的意义和价值。前者必须如轨绘制曼荼罗(maṇḍala)，召请某一本尊的降临，念诵经文，许愿等等。后者与制造擦擦的仪轨没有任何差异，即使在这样的情况下，各个教派需尊重传统规定的次第，但依据所迎请加持(ādhiṣṭhāna)天众的不同，他们可以完全自由地改变陀罗尼或给予仪轨以不同的含义，这就是为什么仪轨会成倍增加并还大量地保存在 *bstan 'gyur*［丹珠尔］中的原因〔1〕。

然而，这些细节上的差异并不值得追究，佛教仪轨中最重要的 *38*
方面并不在这里。

七、作为法物所依的塔

支提虽然很少用于瘗葬，但建好后，也不排除用来作为法物之所依。

甚至今天，当人们从塔瓶所开明龛向内窥视时，仍能发现塔内或大或小的空间里供满了藏人出于宗教虔诚、尤其是指引他们业行的信念而禁止毁坏的零散法物。开光加持后的东西永远不会失去其神圣性。塑像或唐卡(thang ka)只有被娴于仪轨的喇嘛以种子字

〔1〕 除了本文已经引述的论书外，参见 Cordier II, p. 358, n. 130－132, 136: *mchod rten brgya rtsa brgyad bya ba*［一百零八支提制作法］、*mchod rten gdab pa'i cho ga*［支提建立仪轨］、*mchod rten dang tsha tsha gdab pa*［建立支提和擦擦］、*mchod rten lnga gdab pa'i cho ga*［五支提建立仪轨］, *bstan 'gyur*［丹珠尔］，释怛特罗部(rgyud 'grel), tu 函；Cordier II, p. 289, n. 25: *mchod rten sgrub pa'i cho ga*［支提成就仪轨］, gu 函；Cordier II, p. 161, n. 5: *mchod rten bsgrub pa'i cho ga mdor bsdus pa*［支提成就仪轨略集］, pi 函。
译者注：以上论书分别参见《西藏大藏经总目录》第 3070、3071、3072、3080、2652、1927 号。

(bīja, sa bon)召请天众、接受加持、赋予生命(srog)后，才能供养在神龛或寺院中。同样，经书的刻本或写本，代表了如来法身、报身、应身三身中的法身。因此，无论是一张揉皱的书叶，还是一幅经年磨损的唐卡，都不能当成旧的和无用的东西扔掉，这是渎神和不敬的行为。根据佛教和藏族宗教心理，任何业行都有无情的果报，对象
39 征佛陀的法物的不敬和亵渎，实乃罪大恶极。因此，佛塔是供放所有不再使用的法器和法物的适宜之所。

八、小乘和大乘佛教中塔的象征性

像印度这样的国度，在形成塔的基本类型的过程中，除了原型支提的自然发展外，掺杂有其他因素是理所当然的。尤其在大乘佛教时期，作为宗教氛围浓郁的国度表达虔信的普遍方式，象征更占优势。与信仰有关的一切都通过线条、形象等想象性的语言表达，以此将信徒或受灌顶者提升至更高的修证境界，因此是有效的成就方法。印度艺术从未受技法精准或忠实写实的支配。无论是建造、绘画，还是雕刻，都是通过线条、形象或色彩来表现或多或少清晰存在于一切有情心识之中的证悟、实相和现观，这似乎是整个印度想象及思想的共同背景。因此，虽然在大多数情况下我们无法了解或重构以此方式而非别的方式建造的塔的象征涵义，但仍然可以推想窣堵波也反映了这种原则。

如果我们接受以象征性来解释任何法物，换句话说，如果我们将法物视为教法和真谛的外化，即象征性的表现，那么显然不同传规会有不同解释。尤其在宗教领域，学说、原则、体证与它们的表现之间没有绝对和固定的对应。观念上新的定位、心识需求的变动、生活视域的拓展都可再次利用被传统固化、不易更改的旧形式，对其从不同的
40 角度加以理解，赋予新的内涵，使之成为其他体证的象征。同时代但宗教或义理前提不同的教派对同一象征会有不同解释，然而每个教派都自认自己是正确的。在印度，象征性相互重叠的例子非常普遍。显然，就我们的案例而言，无论最初确定某一支提建筑类型的原因何在，一旦接受对支提的象征性解释，部派佛教就把支提看作

诸种实相的表达，是实相的物化和立体形象。或许其解释偏颇，但不是不值得研究，也不乏真实，因为其从若干世纪以来就是无数信徒不可动摇的信念核心，他们从中引发善根，得到具体的体证。

支提作为法之化现和所依，理所当然地被小乘部派视作表现佛教教义精髓的各种律仪和学处的具体象征。这也由建筑论书保留下来的支提各部分的术语、并且被一件来源不明的律藏残片——没有确定的出处、作者或译者，收于 *bstan 'gyur* ［丹珠尔］中[1]——所证实。

文中提到支提的构成分别为：四层阶基、瓶座、塔瓶、平头(harmya, harmikā, pu shu)、托木(daṇḍa, yaṣṭi, srog shing)、十三相轮和伞盖。残片中描述的支提比上述论书所描述的要简单，术语也有所不同，如此处用平头，彼处为八山(droṇa，斛)。这显示了一种相 41
当古老的支提，如果其上没有十三相轮的话：最早的相轮通常为五个，晚些为九个，例外的情况还有十五个或更多[2]。

第一层阶基象征四念处(smṛtyupasthāna)，即身(kāya)、受(vedanā)、心(citta)、法(dharma)。

第二层阶基象征四正勤(prahāṇa)，即为使未生之恶不生，而勤精进；为除断已生之恶，而勤精进；为使未生之善能生，而勤精进；为使已生之善能更增长，而勤精进。

第三层阶基象征四神足(ṛddhipāda)：即欲、心念、精进、观慧。

第四层阶基象征五根(pañcendriya)：即信、精进、念、定、慧。

瓶座象征相应五力(pañcabala)：即信、精进、念、定、慧。

---

[1] Cordier II, p. 358, n. 134: *mchod rten gyi dbye ba 'dul ba byung ba'i mdo* ［支提分别 · 律所出经］, *bstan 'gyur* ［丹珠尔］，释怛特罗部(rgyud 'grel)，tu 函，第 174 叶；参考 Cordier II, p. 358, n. 129: *'phags pa kun nas sgor 'jug pa'i 'od zer gtsug tor dri ma med par snang ba'i gzungs bklag cing mchod rten brgya rtsa brgyad dam mchod rten lnga gdab pa'i cho ga mdo sde las btus pa* ［念诵圣佛顶放无垢光明入普门陀罗尼及契经中所集一百零八支提和五支提建立仪轨］，tu 函，第 161 叶正面；以及 Cordier II, p. 289, n. 25: *mchod rten sgrub pa'i cho ga* ［支提成就仪轨］，gu 函，第 316、317 叶。

译者注：以上论书分别参见《西藏大藏经总目录》第 3078、3069、2652 号。

[2] A. Foucher, *L'Art gréco-bouddhique*, pp. 76, 77, 79.

塔瓶象征七觉支(bodhyaṅga)：即念、择法、精进、喜、轻安、定、舍。

平头象征八正道(aṣṭāṅgamārga)：正见、正思惟、正语、正业、正命、正精进、正念、正定。

42 托木象征十智，即法智、他心智、世俗智、类智、苦智、集智、灭智、道智、尽智、无生智。

第一相轮象征处非处智力[1]。

第二相轮象征业异熟智力。

第三相轮象征静虑、解脱、等持、等至智力（*Mahāvyutpatti*［翻译名义大集］中为第七相轮）。

第四相轮象征根上下智力（*Mahāvyutpatti*［翻译名义大集］中为第五相轮）。

第五相轮象征种种胜解智力（*Mahāvyutpatti*［翻译名义大集］中为第三相轮）。

第六相轮象征种种界智力（*Mahāvyutpatti*［翻译名义大集］中为第四相轮）。

第七相轮象征遍趣行智力（*Mahāvyutpatti*［翻译名义大集］中为第六相轮）。

第八相轮象征宿住随念智力。

第九相轮象征死生智力。

第十层相轮象征漏尽智力。

43 第十一、十二和十三相轮象征佛的三种不共念住(āveṇikasmṛty-upasthāna)。

伞盖象征佛施与所有众生的大悲[2]。

---

〔1〕即从第一层至第十层相轮分别代表佛陀的十力(daśabala)。

〔2〕*mchod rten sgrub pa'i cho ga*［支提成就仪轨］补充说新月象征清净菩提心，镜子（代替太阳）象征四智，宝珠象征六神通(abhijñā)。Cordier II, p. 289, n. 25. *bstan 'gyur*［丹珠尔］，释怛特罗部(rgyud 'grel)，gu 函，第 317 叶正面。关于四智，参见 A. Csoma de Körös (edited and translated by)，“Sanskrit-Tibetan-English Vocabulary being an Edition and Translation of the Mahāvyutpatti”，*Memoirs of the Asiatic Society of Bengal*，4，1910，p. 5［J. Terjék (edited by)，*Collected Works of Alexander Csoma de Körös*，Budapest，Akadémiai Kiadó，1984，pp. 5，387］。

属于支提装饰的各个附属构件也有象征意义。它们是石柱(stamba, rdo ring)、摩竭幢(makaradhvaja, chu srin gyi rgyal mtshan)、座基的阶梯(sopāna, them skas)、花鬘、铃、伞盖、幡等。例如，石柱象征佛的四无畏(vaiśāradya)、座基的阶梯象征佛的四不护(catvāryā-rakṣyāṇi)、摩竭幢象征降伏四魔(māra)〔1〕。

显然，对支提建筑结构的这种解释，反映了小乘佛教的信仰。整座塔仿佛是教义和经典劝令信众所应行持律仪的具体显现：如同塔逐渐上收，直冲苍穹，上升也意味着次第圆满，从基本的善行开始，直至难行解脱道上修有所成的正善士夫所具有的诸种根力，但 44
奇怪的是没有涉及作为正命基础的十善业道。

简言之，可以将整座塔看作由两个独立的部分组成，第一部分是第二部分的基础和承托，其逐步嵌入第二部分，使整座塔同体并且上收，平头标示两部分理念上的分野。因此，塔反映了佛教教派对作为整个教法及其要素的因和果的两个阶段的划分，前者包括性戒和遮戒；后者意味着由前者产生的清净，其构成彻底觉悟的有缘者的根力〔2〕。

尽管支提应回溯至其源头和本初含义均无法知晓的古代范式，但不必相信激发支提初创者的象征性会如此繁复。然而，此象征性如此合理有序，不管由何人在何时设计，可以肯定的是，它一旦出现，就赢得了信众的推崇。该象征性不仅赋予已被视为法身、佛语和教法代表的支提以价值和意义，同时也完满回应了印度心灵的特质：譬喻和象征是更富辩才和意义的表达方式，这种方式是对他们思维方式的特质的回应。

详述大乘佛教对支提象征性的解释更为困难。

大乘佛教怎能以可见之相来表现其诸法无自性、即龙树(Nāgā- 45
rjuna)所说的空(śūnya)的基本原则呢？一些大乘论师已觉察到此种驳难。研究建造支提相关仪轨的寂藏(Śāntigarbha)说：

---

〔1〕 这种象征性显然来自摩竭幢(makaradhvaja)所包含的意义，魔(māra)也是爱神的称号之一，佛教将其等同于死主。

〔2〕 Cordier II, p. 358, n. 129. *bstan 'gyur*［丹珠尔］，释怛特罗部(rgyud 'grel)，tu 函，第161叶以下。

> 首先，支提被称之为法身的影像，依靠人力由土、石、木、金、银等建成，（其）具体的可见的形体以影像命名，原因何在？诸经中说："法身无形如虚空。"虽本性为无，但由一切法的因果的意义而成就如支提的形状，因此法身圆满一切因果，于是其被称为法身，由此，这样显现的就被称为影像。[1]

46

在此，大乘论师也承续了小乘传统。虽然从第一义谛而言，诸法皆空、离言绝相、无有自性，但这并不意味着律藏的戒律和经藏所述佛的相好庄严是戏论。龙树说，不能将空等同于无。确实，一旦证悟诸法实相，那么所有一切，从戒律到佛本身，均为刹那生灭，无有恒常，但在未获言语道断的菩提之前，小乘教法自有其方便意义，因为，如上所述，它能净治并使我们成为具器弟子；如果未能成为有缘徒众，产生邪知邪见的话，不仅不会获得解脱，反而会开启堕落之门。如龙树所说，这就像还没有熟练掌握正确咒语就开始表演的驯蛇者。

随着密教的兴起，围绕佛塔而衍生、并且成为佛教核心行持的营造范式的象征性就不能不变。可以想见，对支提的解释会根据新学派的密意而有所变更：咒术密仪的成分叠加于小乘佛教基本的性戒和遮戒之上；与瑜伽和怛特罗(tantra)的联盟、与异域宗教体验无可质疑的接触使象征性变得愈加错综复杂和奇异。由于我们缺乏

---

〔1〕 即 Cordier II, p. 289, n. 25。*bstan 'gyur*［丹珠尔］，释怛特罗部(rgyud 'grel)，gu 函，第319叶背面：

> de la dang por mchod rten ni chos kyi sku'i gzugs brnyan zhes smos te / sa dang rdo dang shing dang gser dngul la sogs pa dag las sems can gyi rtsol pas bsgrubs te / dbyibs kyi bye brag tu byas ba de dag ni gzugs brnyan zhes gdags te / ci'i phyir zhe na / gzhung dag las chos kyi sku ni sku med nam mkha' 'dra zhes 'byung ste / med pa'i ngo bo nyid yin yang chos thams cad kyi rgyu dang 'bras bu'i don gyis mchod rten gyi dbyibs lta bur sgrub pas des na chos kyi skur ni rgyu dang 'bras bu'i thams cad yongs su rdzogs pa de la chos kyi sku zhe 'dod do / de bas na 'di ltar snang ba ni gzugs brnyan yin par zhes par bya'o /。

可资启发的有准确细节的可靠文献，因此无法给出任何精准描述。研究的更困难之处在于怛特罗文献日益浓厚的秘密特质，同时，对怛特罗学派论书仍乏探究，其几近天书。它们故意使用只有受灌顶者才能理解的术语谈论仪轨和成就，多数情况下我们缺乏入其堂奥的钥匙。

藏文文献使用的术语使我们能对塔的另一种象征性解释循其踪迹。正如我在藏地之行中所得到的直接信息，这种解释在充斥怛特罗信仰的藏传佛教僧众中被广泛接受。

上文已提到，塔的末端有个三重装饰物，由独立的三部分组成，分 47
别称为新月、日轮和宝珠。就我们为重构塔的意义所参考的各种文献而言，最早的文献并未提及日轮和宝珠〔1〕；而在寂藏(Śāntigarbha)的论著中提到了建筑末端的三重部分，但新月和宝珠之间的圆盘被叫作镜子(ādarśa, me long)，象征六神通(abhijñā)。命名的变更反映了象征性解释的变化，至少对塔的该部分而言如此。

的确，将塔的此部分命名为日轮，除了其为圆形外，或许也是其紧挨新月而引发的一种联想。事实上，在具有许多共同点的佛教和湿婆教怛特罗学派中，日-月(sūrya-candra)这一对词汇有其专门和精确涵义：它们象征世界的生起，以及其通过秘密智慧再次收摄入至上真实的复杂过程。藏文 zla nyi 保持了同样的象征意义，两个天体在佛教绘画中频繁出现，亦见于寺院装饰和饰品中〔2〕。

如此，我们倾向于认可塔的终端部分——即日轮、新月和宝
珠〔3〕——以怛特罗学派教义为前提，它们在其术语中以确定的含 48

〔1〕 这一点，除考古材料外，还与据我们所知最古老支提的建筑术语完全一致，关于此类术语，有一残片保存在 *Divyāvadāna*［天业譬喻］中。原始支提末端为一瓶，称为净瓶(kalaśa)。

〔2〕 图版 43。

〔3〕 值得注意的是，前揭律藏文献既没有提到日轮也没有提到宝珠，它们应为后起。为了解释与日轮相伴的新月的原始涵义，若略去任何后期出现的象征意义，应该想到原始佛教中出现的公牛标识。A. Foucher, *The Beginnings of Buddhist Art and Other Essays in Indian and Central-Asian Archaeology*, Paris-London, P. Geuthner-H. Milford, 1917, pl. I［pp. 28－29］.

义使用日、月、火(agni)，藉此表示成就的特定阶段和方面。日是世界活动，月因日而发光，是所知，火是能知。日对应的是右脉(piṅgalā)，月对应的是左脉(iḍā)，火对应的是中脉(suṣumnā)。瑜伽行者使明点(bindu)通过身体各个脉轮后到达顶轮，即头顶上的千瓣莲花(sahasrāra)，从而控制它们。换句话说，通过心识的导引和控制，我们能与清净智，即潜伏于一切有情中、由俱生虚妄分别和烦恼执著所覆障的如来藏(Tathāgatagarbha)再次融合，而不再堕入生死轮回。或者说，日象征般若(prajñā)，月象征悲(karuṇā)，菩提心(bodhicitta)之火因二者交汇而迸发。

塔的其余部分的象征意义在大乘佛教中不甚明显。

塔的次第层迭的组成部分可能与金刚乘及其曼荼罗中非常重视的五大理论有关。诸法均可化解为五种真实(tattva)，在观想过程中，人随其发展，然后回溯，将其摄入自身(śuddhi，清净)，由此认识到幻(māyā)，即因缘所生法的空性。

49 塔的图解与体现金刚乘密意的五大的构成关系完全符合，例如《尊胜佛顶修瑜伽法轨仪》所描述的[1]。

它们各对应一个种子字(bīja)、一个形相、人体的一个脉轮(cakra)、一种颜色。即：

表三

地	a	方形	脐下	黄色
水	vam	圆形	脐	白色
火	ram	三角形	心	红色
风	ham	半月形	眉上	黑色
空	kham	半圆形	头上	杂色

这些给我们提供了同一部文献所列的如下图解（插图3）。

可以看出，关于塔各部分的着色，藏文文献与上面列表一致：塔

〔1〕 参见《大正藏》第19册，经号973，第368页。

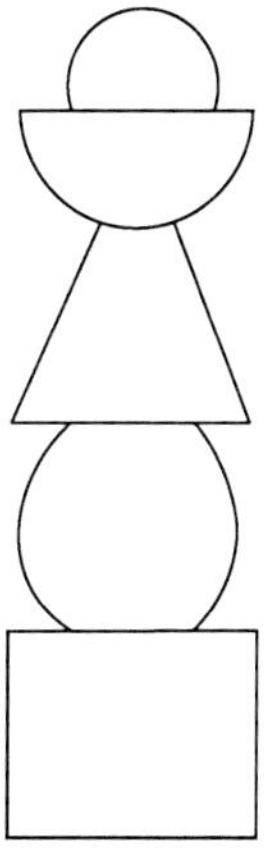

插图 3

座是黄色,正如土曼荼罗;塔瓶是白色,正如水曼荼罗;形成十三相轮的轮是红色,正如火曼荼罗。日轮、新月和宝珠分别是红、白、黄色,而怛特罗图解中上面象征空的形相也是其他曼荼罗色的杂合。唯一缺少对应的是风曼荼罗,应该是黑色。如果将它看作与月下伞盖相对应,还是不能解决问题,因为据文献,它应该是蓝色的。

所造支提的数量依象征主题和联系而定。*bstan 'gyur*[丹珠尔]保存有建造一百零八塔或五塔的仪轨论书[1]。在西藏西部最古老的教法中心附近,如列城 *50*
(Leh)、巴高(Basgo)、阿济('a lci)、娘尔玛(myar ma)、嘉(Gya)等地,至今遗存有大小相同、数量保持一百零八座小塔构成的长长塔墙。而且,它们几乎与传统、考古和铭文资料认定的藏传佛教早期传播中心的那些地点密不可分。众所周知,一百零八对佛教或湿婆教怛特罗学派都是一个圣数,念珠(akṣamālā)有一百零八颗,天众尊号要念诵一百零八遍,真言要持诵(japa)一百零八遍才有效。该数字象征意义的起源还不太清楚。按普纪吕斯基(Przyluski)的说法[2],它可能与日月星三光有关,由九十九加九得出。这个理论可能成立,但不足以令人信服,并且不是唯一的说法。也不排除一百零八是十二乘九的可能:黄道十二宫乘以印度传统的九曜(navagraha),即七曜加上计都(Ketu)和罗睺(Rāhu)。

无论其起源如何,该数字与占星术的关系无可否认。

五这个数字由怛特罗和佛教思辨特有的以五构成的名数而定,

---

〔1〕 Cordier II, p. 358, n. 129, 130; p. 359, n. 136: *'phags pa kun nas sgor 'jug pa'i 'od zer gtsug tor dri ma med par snang ba'i gzungs bklag cing mchod rten brgya rtsa brgyad dam mchod rten lnga gdab pa'i cho ga mdo sde las btus pa*[念诵圣佛顶放无垢光明入普门陀罗尼及契经中所集一百零八支提和五支提建立仪轨]、*mchod rten brgya rtsa brgyad bya ba*[一百零八支提制作法]、*mchod rten lnga gdab pa'i cho ga*[五支提建立仪轨],*bstan 'gyur*[丹珠尔],释怛特罗部(rgyud 'grel), tu 函。

〔2〕 J. Przyluski, "Un dieu iranien dans l'Inde", *Rocznik Orjentalistyczny*, 7, 1929－1930, p. 2.

甚至可能与晚期大乘佛教仪轨中占主导地位的、通常误称为五禅定佛的五佛供养有关[1]。

51

九、各类塔在西北印度与西藏西部的传播

以上所列的八类支提中，在拉达克、如休(Rupshu)、拉胡尔(Lāhul)、斯比蒂(Spiti)和西藏西部更常见的是菩提塔，其随处可见、体量各异、年代不同，远远超过其他类型（图版2、3）；但这并不排除没有其他类型，其中最好的例子是列城(Leh)附近羌巴村(changs pa)的多门大塔(sgo mang，图版4. a)、谢地(Sheh)的尊胜塔(rnam rgyal mchod rten)；天降塔亦相当频见，在古寺附近几乎不可缺少（图版4. b)，其出现于巴高(Basgo)和尼穆(Nimu)之间今已圮废的小寺周围，以及阿济('a lci)、娘尔玛(myar ma)、乌谷(Ugu)、嘉地(Gya)、塔波(ta pho)和托林(tho ling)等地，即传统一致认定的大译师仁钦桑波(rin chen bzang po，十世纪)弘法之地，我们没有理由认为其缺乏根据。

除了由阿底峡(Atīśa)开创、后经宗喀巴(tsong kha pa)改革融入格鲁派的噶当派(bka' gdams pa)的古老教法中心，其他地区几乎没有天降塔，这使它成为整个地区最值得关注的一类塔。其必定与藏
52 传佛教的复兴处于同一时代，在这一时期，藏传佛教正经阿底峡、玛尔巴(mar pa)以及他们的亲传弟子的努力而处于变革之中；同时，穆斯林的冲击更加紧了北印度与雪域之间的精神联系：藏地与尼泊尔

---

〔1〕根据 *mchod rten lnga gdab pa'i cho ga*［五支提建立仪轨］，建造五个支提所要祈求的本尊为：

gtsug tor dri med = Vimaloṣṇīṣa（无垢顶髻）
'jam pa'i mgon = Mañjunātha（文殊）
shā kya thub pa = Śākyamuni（释迦牟尼）
spyan ras gzigs = Avalokiteśvara（观音）
phyag na rdo rje = Vajrapāṇi（金刚手）

Cordier II, p. 359, n. 136. *bstan 'gyur*［丹珠尔］，释怛特罗部(rgyud 'grel)，tu 函，第177叶。

一道,对前来避难的班智达张开双臂,予以保护。但我认为早在莲花生(Padmasambhava,八世纪)等人入藏弘法之前,拉达克已有佛教。石头上粗率刻划的佛教天众在拉达克、巴尔蒂斯坦(Baltistan)和拉胡尔(Lāhul)并不罕见,我认为它们是拉达克王朝建立之前的遗存。这些石刻和谢地(Sheh)的差异很大。此外,要解释佛教在这一地区的弘传早于藏人进入并引介藏传佛教是很容易的事,至少对拉达克而言是如此。克什米尔作为拉达克的门户,一直是佛教文化和传播的最大中心之一,和今天一样,在古代它应与该地区保持着联系。拉达克和克什米尔的人种基本上没有差异。即使今天的拉达克仍充溢着藏传佛教的文化信仰,甚至左吉拉(Zojila)的口语或是藏语、或是源于藏语的方言、或是与藏语平行发展的一种语言,但从人种学角度看,当地人无疑没有藏族特征[1]。

不应忘记,在距列城(Leh)三四天路程的卡拉孜(Khalatse)已经发现了阎膏珍(Vema Kadphises)的佉卢文铭文[2]。铭文显示自贵霜(Kuṣān)王朝初期,印度文化和霸权已经渗透至该地区。该铭文连同其他婆罗谜文铭文一起,均发现于横跨印度河的一座桥梁附近,这让我们推测从公元初的几个世纪开始,活跃的贸易往来连接着当时的佛教重镇克什米尔和印度河上游地区,直至今日。商队一如既往地把藏地的羊毛带至克什米尔,连接着印度与拉达克的左吉拉(Zojila)通道无疑有着数百年的历史。教法随商旅传播, 53

[1] 正如戴涅理从人类学的角度证明的,况且此地某些地名所包含的许多达尔德语特征,更确证了这点。G. Dainelli, *Le condizioni delle genti*, Bologna, N. Zanichelli, 1924; G. Dainelli, *Paesi e genti del Caracorùm. Vita di carovana nel Tibet occidentale*, Firenze, L. Pampaloni Editore, 1924, 2 voll.; R. Biasutti e G. Dainelli, *I tipi umani*, Bologna, N. Zanichelli, 1925; [G. Dainelli, *La esplorazione della regione fra l'Himàlaja occidentale e il Caracorùm*, Bologna, N. Zanichelli, 1934].

[2] S. Konow (edited by), *Corpus Inscriptionum Indicarum. Kharoshṭhī Inscriptions with the Exception of those of Aśoka,* Calcutta, Government of India Central Publication Branch, 1929, vol. II, part I. 1930 年和 1931 年,为了再次找到那段碑铭,我将调查集中于卡拉孜(Khalatse)附近,但未能发现其踪迹,它肯定在建卡拉孜桥的工程中被炸毁了。

僧侣法师与商人相伴，佛语通过多少不太完美的共鸣穿越了喜马拉雅大屏障。

十、何 谓 擦 擦

许多塔都开有前揭文献所说的明龛，内中或大或小的空间集中着数量不等的擦擦(tsha tsha)，其表面通常涂有白灰，或许是出于保护目的。对此法物的定义各不相同。

杰斯开(Jäschke)说它们是“用土和水制作的佛像或锥状物”[1]。

德格定斯(Desgodins)认为它们是“用粘土制作的小像”[2]。

达斯(Das)认为它们是“用粘土制作的用于供养的锥形小像，大量地安放于塔沿”[3]。

瓦德尔(Waddell)认为它们是“用粘土或者是在土中掺进骨灰揉捏而成的瘗葬用像或支提”[4]。

施拉根韦特(Schlagintweit)认为擦擦这个名称“常用于旅行者用粘土揉捏而成的塔形锥体”[5]，但其也常用于指装藏法物的造像。

54 我认为这些定义都不够准确。擦擦是一种小像，可以是塔形，也可以表现佛教天众，或含有总摄教法的陀罗尼。擦擦一般用土和水捏制，有时也添加大喇嘛的身骨。因各种因缘而掺入青稞或小麦

---

〔1〕 H. A. Jäschke, *Handwörterbuch der tibetischen Sprache*, Gnadau, Unitätsbuchhandlung, 1871, p. 452.

〔2〕 A. Desgodins, M. E. P., *Dictionnaire thibétain-latin-français par les Missionnaires catholiques du Thibet*, Hongkong, Imprimerie de la Société des Missions Étrangères, 1899, p. 798.

〔3〕 S. C. Das, *A Tibetan-English Dictionary with Sanskrit Synonyms*, Calcutta, The Bengal Secretariat Book Depôt., 1902, p. 1019.

〔4〕 L. A. Waddell, *The Buddhism of Tibet or Lamaism with its Mystic Cults, Symbolism and Mythology, and in its Relation to Indian Buddhism*, London, W. H. Allen and co., 1895, p. 497.

〔5〕 E. Schlagintweit, *Buddhism in Tibet Illustrated by Literary Documents and Objects of Religious Worship. With an Account of the Buddhist Systems Preceding it in India*, Leipzig-London, F. A. Brockhaus-Trübner and co., 1863, p. 206.

也不罕见：它们或用于开光、或用于祈求丰年、或用于还愿。后者是为了给越来越因邪恶而形容枯槁、因饥荒而毁灭、被死神横扫的后人以昭示：在人们还没有如此堕落的远古，众神曾以丰产裕收恩惠过他们。

擦擦一词本身显示其使用非藏人首创，藏文词源学认为该词源于梵文。更准确地说，如劳弗尔(Laufer)所言，该词源于某一印度俗语而非标准梵文[1]。他暗示 tsha tsha 的原形是 sañcaka，意思是模具，而擦擦正是用模具制作的。然而，即使考虑到由梵文转写为藏文时会出现的诸多衍变，但仍不好解释 ñ 的失去，其通常以 ṃ 来代替，以及两个 ch 的出现[2]。

我认为该藏文形式更可能还原为俗语 sacchāya、sacchāha，即梵文的 satchāya。它的原意是完美的形象或复制，即一个形象与另一个相似，所以相当于形容词化的"等同"。藏地词源学家将其直译为 dam pa'i（通常对应于梵文的 sat）gzugs brnyan，即正善影像。该词对应于考德(Coedès)于暹罗所见并说明的 braḥ bimb"圣像"[3]。这都能由达斯(Das)也曾记录过的藏文的派生形式 sā tstsha，sāccha 得以证明[4]。 55

[1] B. Laufer, "Loan-words in Tibetan", *T'oung Pao*, 17, 1916, p. 453, n. 29.
译者注：汉译参见赵衍荪译，《藏语中的借词》，北京：中国社会科学院民族研究所少数民族语言研究室编印，1981 年。

[2] 译者注：图齐指的是梵文的 ch 常用藏文的 tsh 转写。

[3] G. Coedès, "Tablettes votives bouddhiques du Siam", in *Études asiatiques publiées à l'occasion du vingt-cinquième anniversaire de l'École Française d'Extrême-Orient*, [Paris], Librairie Nationale d'art et d'histoire G. van Oest, 1925, p. 145; G. Coedès, *Bronzes khmèrs. Étude basée sur des documents recueillis par M. P. Lefèvre-Pontalis dans les collections publiques et privées de Bangkok et sur les pièces conservées au Palais Royal de Phnom Penh au Musée du Cambodge et au Musée de l'École Française d'Extrême-Orient*, Paris-Bruxelles, Librairie Nationale d'art et d'histoire G. van Oest et C. ie, 1923, pl. L [p. 56]; *Annual Bibliography of Indian Archaeology for the Year 1928*, Leyden, E. J. Brill, 1930, pl. X [p. 25].

[4] S. C. Das, *A Tibetan-English Dictionary*, p. 1264.

十一、擦擦的起源及意义

擦擦的名字显示其源自印度，而下文对最古老的擦擦的研究也证实了这一点。它们不仅有北印度字体写就的梵文铭文，还与印度，尤其是菩提伽耶(Bodhgayā)发现的还愿物非常相似。菩提伽耶的擦擦与分布在印度各个佛教圣地类似的还愿物应当看作是藏地擦擦的原型。

富歇(Foucher)曾经阐释这些擦擦的可能来源；而我认为擦擦不仅与他所说的迦毗罗卫(Kapilavastu)、菩提伽耶(Bodhgayā)、波罗奈斯(Benares)、拘尸那揭罗(Kuśinagara)有关，而且与佛教传统的八大胜地有关。它们后来因前述的八类窣堵波而被圣化，但早在僧团成立之初，对信众而言，它们就代表了释迦牟尼游化宣教的八大履所。口传笔述的佛传均离不开这些佛陀示现生灭、神变、说法之所在，而且，如下文所述，常常压印在擦擦上的就是这八种塔。

由此，圣地(tīrtha)自然形成。朝拜由佛传圣化之地的人，往往
56 想随身带回某种纪念品，某种与佛陀游化所圣化之地保持物质接触、并可再次唤起首度朝拜时虔信的法物。出于朝圣者的热忱，由僧人以及寺院和圣地的看护者监督，开始制作这些小像。初期，正如富歇假设的，它们的造型或是圣地建筑的模型、或是能在信众心中唤起与圣地相关的佛传的传统象征。后来，它们的用途逐渐广泛，从爪哇岛(Java)直到印度边缘地带，佛教其他天众与释迦牟尼相伴出现。藏地在此亦依于印度：它从虔信召唤新近皈依三宝的藏人的朝圣之地引进了擦擦的使用。这些藏人具有新皈依者的热忱、其澄澈心灵对一切圣迹天生亲近、满怀敬畏，他们带着朝圣中迎请的法物返回雪域。渐渐地，早期从印度迎请的泥像在藏地获得独立发展，并开始在本土制造。

可以认定，佛教一旦进入雪域，就在一些殊胜的禅房和寺院周围形成了重要程度不等的教法中心，那里开始制作、流通擦擦，模具或由本地制作，或不如说最初来自印度。

但认为擦擦的特征和意义仅限于上述情况是不正确的。即，不

应该将它起源的可能原因和后来的发展相混淆。

不要忘记,佛教在藏地传播时正值大乘佛教、更准确地说是怛特罗学派的繁盛期,因此,擦擦也呈现出与新的教法、密意相一致的 57
其他特征。制作擦擦不仅是对一次圆满朝圣的纪念,而更是甚深仪轨所描述和劝令信众的众多崇拜行为之一。可以为了压印总摄教法的陀罗尼而摹制擦擦,并将其装藏入塔,大乘论师传统称其为"心髓"。而如上所见,支提形制的擦擦或为供养世上一切支提而造,或由无力建造大塔者所造,或由徒步朝圣者为还愿而造,或作为其虔信的有相表达,是对途中偶遇圣迹的谦卑供养。

十二、制作擦擦的仪轨

载有显密仪轨的大乘论书为我们留下了制作擦擦的某些细节,尽管其中部分文献是梵文,但对我们关注的题目却未有人提及。

我所指的是蒲散(de la Vallée Poussin)校勘的 *Ādikarmikapradīpa*[初业者灯][1],以及夏斯特里(Shastri)出版的不二金刚(Advayavajra)的 *Kudṛṣṭinirghātana*[除灭恶见]中的段落[2]。两部论书都描述了同一种仪轨,称做摹制一切仪轨(sarvakatāḍanavidhi),但藏文译为[摹制擦擦仪轨](tsha tsha gdab pa'i cho ga)[3]。显然,tsha tsha 不对应 sarvaka,否则毫无意义,而对应 sacchaka。我认为 tāḍana 并非通常的"打、敲"之意,尽管怛特罗仪轨中有以使用"打、敲"含义的同一词根命名的仪轨,其更相当的含义是"塑、印",藏文 'debs 完全对 58
应于此。'debs 还有"栽种、固定"等含义,其近似的含义也用于 rgya 'deb(压印、盖章)。前述两部文献都描述了摹制擦擦的仪轨次第,

[1] L. de la Vallée Poussin, "Bouddhisme. Études et matériaux. Ādikarma-pradīpa, Bodhicaryāvatāraṭīkā", *Mémoires couronnés et mémoires des savants étrangers, publiés par l'Académie Royale des sciences, des lettres et des beaux-arts de Belgique*, 55, 1898, pp. 177-232.

[2] H. Shastri (edited by), *Advayavajrasaṁgraha*, pp. 7-8.

[3] *bstan 'gyur*[丹珠尔],释怛特罗部(rgyud 'grel), mi 函,第 114 叶正面。译者注:原书写作第 103 叶正面,该论书即[除灭恶见]的藏译,参见《西藏大藏经总目录》第 2229 号。

每步都有相应的真言，可以总结如下：

1. 取土(mṛttikāgrahaṇa)。

   真言：项礼诸佛；oṃ vajrāyuṣe[1] svāhā。

2. 成型(bimbabalana, 'bi 'bi bya ba)。

   真言：oṃ vajrodbhavāya[2] svāhā。

3. 抹油(tailamrakṣaṇa)。显然，为利于下一步用模具翻制擦擦时图案压印得清晰并便于剥离。

   真言：oṃ araja, viraja, svāhā。

4. 印模(mudrākṣepaṇa)。

   真言：oṃ dharmadhātugarbhe[3] svāhā。

5. Ākoṭana. 词意十分含糊，藏文再一次用 gdab 对译。我不认为它是指除掉压印擦擦后挤出的多余泥块以使边缘变得相对整齐。藏文 gdab ('debs) 暗示的是"压印"，即用力将模具摁到粘土上。我的解释部分得到 *Ādikarmikapradīpa*［初业者灯］等中的 ākoṭana 真言的"hūṃ phaṭ"的证实。

   真言：oṃ vajramudgara ākoṭaya[4] svāhā[5]。

59 6. Ākarṣaṇa[6]. 召请擦擦上的天众或压印陀罗尼中涉及的天众。按照印度仪轨的根本概念之一，开光某物意味着天众及其加持力入驻其中。

   真言：oṃ dharmarate[7] svāhā。

7. Sthāpana[8]. 使召请天众安住擦擦。

   真言：oṃ supratisthitavajre svāhā[9]。

---

〔1〕 金刚寿。藏文转写好于［除灭恶见］中的 vajrapuṣpe。vajrāyuṣe 也出现于无量寿佛的真言中。

〔2〕 金刚生。

〔3〕 法界藏。

〔4〕 金刚杖，敲。

〔5〕 藏文本更准确。

〔6〕 *Ādikarmikapradīpa*［初业者灯］中的 niḥsāraṇamantra 不十分正确。

〔7〕 但是藏文本为 dharmāyuṣe。

〔8〕 藏文 bzhugs su gsol。

〔9〕 ［除灭恶见］为 apratiṣṭhitavajre，藏文本为 vajrasupratiṣṭhitavajrāye。

8. 开光(pratiṣṭhā, rab tu gnas)。

真言：oṃ sarvatathāgatamaṇiśatadīpte jvala jvala dharmadhātugarbhe svāhā[1]。

9. Visarjana. 开光后，召请来加持的天众再次被恭送回本处。

真言：oṃ svabhavaviśuddhe[2] āhara, āhara āgaccha, āgaccha dharmadhātugarbhe svāhā。

10. Kṣamāpana. 酬谢因咒力所召请降临的天众，补充仪轨中可能的疏漏。

真言：oṃ ākāśadhātugarbhe svāhā。

同一仪轨在其他大乘仪轨论书中也有描述，虽然真言有些变化，但制作擦擦的次第基本相同。例如[3]：

1. sa brgo ba: 挖土。
2. sa blang pa: 取土。
3. chu spyad: 用水。 *60*
4. sa dag par bya ba: 净土。
5. bsres nas rdzi ba: 混揉。
6. brdung: 击打。
7. 'bi 'bi'i bya ba: 成型。
8. til byug pa: 抹油。
9. rgya bgags pa: 压印。

等等，与上述论书所记相同[4]。

十三、擦擦的类型及年代

擦擦的制作历经漫长演变，这由我的收集品得以证明，其大致

---

[1] 译者注：原文未写 svāhā。

[2] [除灭恶见]为 svabhāvaśuddhe。

[3] *bstan 'gyur* [丹珠尔]，nu 函，第 153 号。
译者注：原文如此，未能确定此处所指的是哪部论书。

[4] 也有所记仪轨与上述论书不同者，参见《佛说造塔延命功德经》，《大正藏》第 19 册，经号 1026，第 726 页，其描述的是制造塔形擦擦的次第。

年代多少可依据其上附带的古铭文字体而得以确定。

我们可以区分出其类型的逐渐精炼：从印模用力压制湿泥而挤出厚厚的不匀称边缘的粗制形制，到更为精致对称、粗边消失、代之以整齐边缘的精炼形制。由此可推测出制作擦擦的不同方法：早期，工具为印模；之后开始使用模具，它刚好容纳泥团并摹制出擦擦的形状。暗示年代不同的另一差异是早期天众身像相对较少，而后逐渐增多，其数量增长与渐趋精炼相平行；仅有铭文和塔形的擦擦则逐渐减少。在据上述因素及字体学分析判定的最古
61 老的擦擦上，天众位置往往表现的是一个或几个窣堵波，伴之以传统的陀罗尼，如缘起法颂。由此推测，擦擦——大部来自印度、或取材自印度——确实是分发给印藏佛教圣迹朝圣者的法物，或是为纪念于藏地信众而言有殊胜因缘的圣迹而制。因此，擦擦上表现的塔可能现实存在于印度和中国藏地，这一推测或许可由众多佛塔属于同一类型，似乎指涉同一建筑而得以证实。例如第 13 和第 16 件擦擦上所表现的天降塔[1]，如上所述，它们与仁钦桑波(rin chen bzang po)弘法活动创立、发展的教法中心有密切关系，这些中心从创立以来就被视为殊胜之处。大译师正是在这些地方终其一生，他翻译了佛教中最著名的一类经典般若波罗蜜多(Prajñāpāramitā)，这是大乘怛特罗学派的教理和崇拜核心。

托林寺(tho ling)至今是西藏西部最著名的圣迹之一。列城(Leh)附近的娘尔玛寺(myar ma)在古代亦是如此，今已大部圮毁。同样，阿济寺('a lci)在不久以前仍被称为译师殿[2]。

62 塔形擦擦尽管被上述屡屡提及的文献证实有其古老源头，但似乎是相当晚近才常见。我收集的塔形擦擦均为晚期，如今极为普见，至少在我所经的地区如此，因其一来制作简易，二来因许多古代模具的坏损、丢失，不再新做。

总之，擦擦的来源不一。它们或迎请自印度，作为珍贵法物留

[1] 译者注：原文如此，第 13 和第 16 件擦擦分别对应图版 10 和 11.a，但两者均表现的是多门塔，与此处所述不同。

[2] 如日宗寺(ri rdzong)的创建者楚臣尼玛(tshul khrims nyi ma)的传记所述。

存;或在藏地分发给朝拜圣迹者;或为旌扬大喇嘛的圣德而混合其身骨,作为舍利(śarīra)装藏入塔;或是路过圣迹者为发愿、还愿而仓促粗制;还应记住那些为本人或眷属后代修功德而摹制的擦擦。后者与前文提到的还愿塔密不可分,因建立佛塔者必须考虑用何装藏,作此种用途的擦擦有时会有铭文提示。

十四、擦擦上的图像

如上所述,擦擦逐渐变得精致,并摹制有符合图像学论书规则的天众身像,它与雕塑及唐卡(thang ka)中的表现除尺寸之外,没有本质差异。藏族艺术的影塑、绘画、雕刻遵循着一致的量度,如印度仪轨论书所示,它们规定了如何体悟、再现与各种天众及其标识有关的成就,并精确指出如何在曼荼罗(maṇḍala)中,或在怛特罗仪轨 63
中以同样目的使用的布画(paṭa)上表现天众及其眷属(parivāra)、标识。后来出现的图像学论书更多地针对艺术家,其技术性多于宗教性,这些论书尽管保持了相同的谨慎和精确量度,但给艺术家留下了把规定量度的身像布置在其所喜欢的背景上的自由。因此,这种艺术通常固定了天众凡人的身像、标识的样式,但在布局和背景的处理方面给艺术家留下了展示自由意志和创造天才的空间。

擦擦模具的佚名制作者也遵循同样的原则。因此,如果有时无法比定其所表现的天众,原因并非艺术家的手艺欠佳或率性而为,而是我们对大乘天众众多繁复的图像学样式还不够了解。

压印有陀罗尼以及天众身像的擦擦,完全证实了我们通过对寺院、宗教传统和铭文本身的研究而得知的西藏西部藏传佛教各教派及其支系的消长传播,以及最常见的天众部组等方面的结论。

最早印有佛塔和缘起法颂"诸法从缘起,如来说是因……"的擦擦,对我们了解当时最常见的天众部组没有启发,它们仅仅意味着藏地对圣地、与释迦牟尼有关的圣迹、或以支提象征的佛陀宣说的教法的礼敬。相反,有天众身像的擦擦反映了大乘佛教天众的消长。我们仅有一例大日如来(Vairocana),在最早的佛教中心之一嘉 64
地(Gya);然而我们知道,通常认为阿底峡开创的噶当派(bka' gdams

pa)——又称新密(sngags gsar ma)，仁钦桑波即属于此派——盛行对大日如来的崇拜。传统归属于仁钦桑波的所有寺院，如斯比蒂(Spiti)地区的阿济寺('a lci)、塔波寺(ta pho)和拉隆寺(lha lung)中现存的古代壁画，大日如来(rnam par snang mdzad)的身像和曼荼罗占有优势[1]。然而据我所知，与汉地不空(Amoghavajra)弘扬的金刚乘(Vajrayāna)相比，大日如来在噶当派及藏地其他教派中均未享有与前者同样的尊崇地位。

被不恰当地称为五禅定佛(dhyānibuddha)的五佛(pañcatathāgata)中最频见的其他诸佛是至今在藏地最为崇信的无量光佛(Amitābha)和不动佛(Akṣobhya)，宝生佛(Ratnasambhava)只出现过一次，不空成就佛(Amoghasiddhi)则从未出现。同样的情况由我对参访寺院的壁画以及铭文中的皈敬颂的研究得以证实。后两尊佛通常不会单独出现，但表现五佛曼荼罗时则会与其他诸佛共同出现。释迦牟尼通常以金刚座(Vajrāsana)、即菩提伽耶(Bodhgayā)菩提树下成道的姿态表现，例如第63件擦擦所表现的（图版17），其来源可能就是菩提伽耶，该地数世纪以来依然是藏地信众经常定期的朝圣地(gnas skor)。藏地与菩提伽耶间因往来朝圣所维持的不断联系，使释迦牟尼的这一样式比其他样式更常见也未必不可能。

65 弥勒(Maitreya)也不少见，这很自然，他是集中汇聚救世和重宣教法信仰的未来佛。当邪恶和罪行泛滥、似乎所有的希望都丧失时，弥勒将恢复善，犹如袄教中的粟珊斯(Śōšāns)。从列城(Leh)后面札奔德国王（grags 'bum lde，约十五世纪上半叶）所建的朗杰孜摩寺(rnam rgyal rtse mo)到巴高寺(Basgo)，拉达克的许多佛殿都供有弥勒。或多或少粗刻在岩石或巨石上的弥勒像，则遍布从拉达克到拉胡尔(Lāhul)的整个地区。

五字文殊(Mañjuśrī Arapacana)亦频频出现，其真言往往刻在悬崖峭壁上。

观音(Avalokiteśvara)非常常见，在藏地这样一个以观音为怙

---

[1] A. H. Francke, *Antiquities of Indian Tibet*, Calcutta, Superintendent Government Printing, 1914, part I (*Personal Narrative*), pp. 28, 32, 38, 91, 93.

主、并相信他化身为达赖喇嘛继续左右藏地命运的地区,这很自然。观音最普遍的形象是四臂,即六字曼荼罗(Ṣaḍakṣarīmaṇḍala)主尊(gtso bo)。

度母(Tārā)也不少于观音,其多种身形是藏族图像学中最常见的主题,她和观音更为关注凡人福祉,更易救助信众。

擦擦中也不缺特定怛特罗部组的主尊,即胜乐金刚(Śaṃvara, bde mchog)〔1〕。胜乐金刚的供养在藏地密教中一直很盛行,并且他在噶举派(bka' brgyud pa)和噶当派(bka' gdams pa)的修法中占据有十分重要的地位。

擦擦中没有发现格鲁派(dge lugs pa)仪轨和修法中地位重要的另一主尊,即时轮金刚(Kālacakra)的任何痕迹。奇怪的是,也不见噶举派的本师(ādiguru)金刚持(Vajradhara),该派通过其支系止贡噶举('bri gung bka' brgyud)的喇嘛玉如寺(Lamayuru),尤其是竹巴噶举('brug pa bka' brgyud)的亥密斯寺(Hemis)对藏地和拉达克地区的宗 66
教发展影响至巨。

大士上师中可见莲花生和宗喀巴,前者是将佛教传入藏地的咒师,并且是宁玛派(rnying ma pa)的上师;后者是藏传佛教的改革者。尽管两派时常敌视,对抗至今未止,但两派均视一般称作古鲁仁波切(gu ru rin po che,上师宝)的莲花生为藏传佛教的中心人物之一。当今藏传佛教的大派格鲁派重塑了莲花生的传记,并且剔除了直承自莲花生的宁玛派固守的许多内容。然而,对莲花生的供养无处不在,几乎所有的佛寺、神殿都供有其身像。但直承自莲花生的宁玛派在西藏西部已不再兴盛,他们游离于后来藏传佛教的发展之外,保持着对莲花生的教法、传记、供养、修法的清净传承。据我所知,宁玛派在拉达克唯一的寺院是距青哲(Chimbre)六七英里的札达寺(brag stag);另外,在萨特莱杰河(Sutlej)上游有邦吉寺(Pangi);斯比蒂有里寺(Li)和那果寺(Nako)。

---

〔1〕 译者注:关于胜乐一词的梵文,原书写作 Saṃvara,图齐自己在《梵天佛地》第四卷,第二册,第 428 页有校正,并提醒读者相关内容参看《梵天佛地》第三卷,第二册,第 7 页。此处径改。

即使宁玛派(rnying ma pa)极为少见，但对莲花生的公众和私人供养都比较普遍：尽管他不再是中心人物，但在藏传佛教中保持着尊崇地位；勒石并安置于嘛呢经墙上，以及各寺供养的大量古鲁仁波切像(gu ru rin po che)即是明证。

相反，格鲁派在西藏西部地位突出，其原因是仁钦桑波(rin chen bzang po)及其弟子建立的众多噶当派(bka' gdams pa)寺院后来改宗了这一新教派。格鲁派在札奔德(grags 'bum lde)统治时期（十五世
67 纪上半叶）传入拉达克，史料记载札奔德供资修建的著名寺院有朗杰孜摩寺(rnam rgyal rtse mo)、斯比多克寺(Spitok)等。

相当奇怪，除去很可能表现噶举派(bka' brgyud pa)最初的两位上师之一即底洛巴(Tilopā)或那若巴(Nāropā)的擦擦外（图版40.b）[1]，不见该派其他上师像。该派一度在拉达克和西藏西部传播极广、如今由他们自己住持的著名寺院有喇嘛玉如寺(Lamayuru)、亥密斯寺(Hemis)、噶尔索克寺(Karzok)、扎西岗寺(bkra shis sgang)等。然而，并不能由此遽下判断，因为尽管我收集的擦擦数量也很可观，但不能说囊括了所有种类，日后调查可能会有别的发现。

应特别注意的是表现某位苯教(bon po)神祇的第156件擦擦（图版42.b），其无法准确比定，因为我们对苯教——藏族的本土宗教、佛教的对手——的认识才刚刚开始，对其众多神祇我们几乎一无所知，尽管其繁复并不亚于大乘天众。擦擦的图像样式显示其可回溯至后期苯教，即苯教为了与勃兴的佛教相抗衡而借取了后者教义、观念和表达方式的时期。此外，在西藏西部苯教从未像弗兰克(Francke)所说的那么重要过，这里没有一点苯教寺院的痕迹，喇嘛玉如寺(Lamayuru)中一个圮毁的神殿不能作为其存在的确切证据[2]。残存墙体的壁画主像更像一位克什米尔班智达，而非苯教咒师；其他壁画中也不见苯教的任何痕迹。蓝色的佛像很可能

---

[1] 译者注：图齐在《梵天佛地》第四卷，第二册，第429页对此有进一步辨识："该成就者可以比定为费卢波(Virūpā)，他被视为萨迦派的世间本师(ādiguru)。"参见下文的相关叙述。

[2] A. H. Francke, *Antiquities of Indian Tibet*, part I (*Personal Narrative*), p. 97.

是不动佛(Akṣobhya)，因为据图像学规定该佛为蓝色，周遭围绕的诸 68
小像可归为特定的佛教主题，即如阿济寺('a lci)、底克塞寺(Tikse)及路上随处可见的诸多过街塔券顶上所表现的千佛(sangs rgyas stong pa)。神殿天顶所绘伎乐天女有时为多臂，没有理由不将其比定为空行母(ḍākinī, mkha' 'gro ma，图版5、6)，总之，没有任何特征表明它们是非佛教的。显然，我们面对的是并非孤例的原始本土艺术，就在喇嘛玉如寺叫做森格岗(seng ge sgang)的小殿中亦可见其平行表现。无疑属于噶当派(bka' gdams pa)时期的该殿绘满壁画，惜今已被屋顶渗水大部损毁。

弗兰克(Francke)想从喇嘛玉如寺的本名追寻苯教的痕迹，因为其本名为 g.yung drung dgon pa，即雍仲寺(Svastikā)，但我不认为这是证明其为苯教寺院的论据。

据寺志(māhātmya)所载，该寺由著名的迦湿弥罗成就者(siddha)那若巴(Nāropā)所建，这不过是借此炫耀森格岗(seng ge sgang)的古老起源而已。考虑到佛苯间明显的敌意，止贡噶举('bri gung bka' brgyud)建寺时以与之敌对的教法为其命名是不可思议的。尽管苯教赋予了雍仲(g.yung drung)以佛教所不知的密意和价值，但后者对这个名字并不陌生。在此，雍仲有可能是本土名字丧失其涵义后更 69
为习见的书面语形式。我认为这可能是玉如(yu ru)一词的书面语形式，它原为村名，与西藏西部常见的以 ru 为地名的习惯有关，如弥如(Miru)、苏如(Suru)、塔如(Taru)、卡如(Kharu)等。

yu ru 原为村名也可由铭文证实。例如：寺院不远处小经墙上的一块石板开头镌有如下字句：

> oṃ svasti dkon mchog gsum phyag 'tshal lo
> bla ma'i gdan sa dgon pa yu ru 'dir
> 唵！吉祥！顶礼三宝！于此 yu ru 上师驻地寺。

总之，我将在另一部有关苯教的著作中论及，苯教在西藏西部没有作为一个独立教派而得到大幅弘扬，没有苯教寺院确实存在的证据。但是，如果把苯教视作印度佛教或藏传佛教在该地传播之前的本土宗教；或者将其视为对抗佛教而未被后者湮没的文化孤岛；

或者视其为古老神话的遗存，其在藏人宗教经验中常常与后来伴随佛教、从印度传入的神话相互交织，那么便不能否认即使今天，苯教还依然存在。当经过山峦陡峭的关口看见一个巨大的神垒（lha tho）、当指出村庄附近的一个地祇殿（sa bdag）、或者人们说某个鲁（klu）统辖着泉源时，就该想到它们属于佛教无法清除而纳入其中的古老的本土信仰和神祇。但对能够理解藏传佛教庞杂现象的人而言，辨认出其中与佛教无关的元素并不难。印度河流域仍有一些如代村（Da）等的村庄至今留存众多此类信仰，且几乎未与佛教混融。

70 如果把苯教视作由辛饶（gshen rab）有机组织并系统化的宗教，有自己的文献、仪轨、寺院、僧人，那么我很怀疑还存有苯教。但是，如果视苯教为辛饶使大批神祇鬼怪和信仰在其中找到属籍的体系，那么无疑至今在辛饶的故乡、西藏西部和拉达克——仍有众多苯教遗迹。

第二部分

擦擦的主要类型 71

拉达克、斯比蒂、库那瓦、古格采集[1] 73

一、压 印 组

(一) 压印佛塔的擦擦

第 1 件。列城(Leh)。中央为菩提塔。在十三相轮顶部飘扬两面幡(patākā),周围是缘起法颂,笈多字体,文字模糊不能完全识读:ye dharmā hetuprabhavā hetuṃ teṣām tathāgato | hy avadat teṣāṃ ca yo nirodha evaṃ vādī mahāśramaṇaḥ || 诸法从缘起,如来说是因;彼法因缘尽,是大沙门说。

第 2、2b 件。列城(Leh)、雪韶(Shushot)。图版 7.a。中央为天降塔,塔瓶处似乎开有明龛,但擦擦此处保存不好,难以确定。周围为缘起法颂:ye dharmā... 字体属九至十世纪。

第 3 件。列城(Leh)。图版 7.b。十一座塔,只有居中者有十三相轮并饰以常见的幡。数字十一与上文提到的十一塔的传统有关,前揭汉译佛经中也有所反映。下部为缘起法颂:ye dharmā...字体属九至十世纪。

第 4 件。底克塞(Tikse)。三座塔均为天降塔,但塔瓶呈阶梯状层叠。顶部饰以常见的幡。塔位于莲花之上,下部为古藏文转写的 74
缘起法颂:ye dharmā... 各音节间由藏文的音节点分开(hy avadan, vāṭī 代替了 vādī)。

---

[1] 英文地名用的是印度测量局(Survey of India)地图的拼法。K. Mason, *Routes in Western-Himalaya, Kashmir etc. Ladakh*, Dehra Dun, Government of India Press, 1922.
图版中全部的擦擦和其他文物都是我的收集品,按原大排印。

第5件。底克塞(Tikse)。图版8.a。三座塔,居中为具十三相轮之大塔,另外两塔只有塔瓶,其上有托木(srog shing)。但三座塔看起来都属天降塔,因为两座小塔在阶基上刻有很清晰的阶梯痕迹。三塔均位于莲花之上。

藏文转写的缘起法颂有许多拼写错误。右边: ye tā rmā he tu | pra bā ta hen (sic) teśa | n ta tha ga to hya va dad | te śen ca yo ni ro | dha em va (evam) va ti | maha śra ma ṇa; 左边: oṃ ā yad tā sarva | ta thā ga taṃ hri da ya ga rbhe | jva la dharma dhā tu ga rbhe | sa ndha ra ā yu | n san śo dha ya | pā pa ma sarva ta thā ga | ta sa man to n śi sa | (samantoṣṇīṣa) vi ma li |,在塔的右边、缘起法颂的下面是该陀罗尼的结尾: vi śu dhe sva hā。这是无垢顶髻(Vimaloṣṇīṣa)陀罗尼明咒(vidyā)的心髓(hṛdaya),通常在佛塔开光仪式中念诵。正确的陀罗尼参见 *bstan 'gyur*［丹珠尔］: oṃ āyatta sarvatathāgata | hṛdayagarbhe | jvala jvala | dharmadhātugarbhe | saṃhāra āyuḥ | saṃśodhaya sarvapāpaṃ | sarvatathāgata | uṣṇīṣa vimala viśuddha | huṃ huṃ huṃ huṃ oṃ baṃ saṃ jaḥ svāhā |[1]

第6、7件。列城(Leh)、雪韶(Shushot)。图版8.b。莲花上所置塔为天降塔,饰以常见的飞幡、伞盖、日轮、新月。塔周围的铭文内
75 容与上一件擦擦相同,约十世纪的北印度字体,其后为缘起法颂: ye dharmā...

第8件。斯多克(Stok)。同上。尺寸略小,铭文、字体与上两件相同。

第9件。斯多克(Stok)。图版9。莲花上所置塔为天降塔,窣堵波在三角形框内。上部只有 ye[dha]rma,约十至十一世纪的北印度字体。

第10件。嘉地(Gya)。中央是菩提塔,安置十三相轮的莲花与建筑其他部分比例失调;两边为两座小塔,无相轮。周围是缘起法颂: ye dharmā... 九至十世纪的北印度字体。

---

[1] Cordier II, p. 358, n. 130. *bstan 'gyur*［丹珠尔］,释怛特罗部(rgyud 'grel), tu 函,第168叶。

第 11 件。列城(Leh)。莲花上似乎是天降塔,也可能是和合塔。饰以常见的飞幡,周围是缘起法颂: ye dharmā... 印度字体,写法相当草率。

第 12 件。弥如(Miru)。七座菩提塔,有飞幡。下部为缘起法颂: ye dharmā... 约十至十一世纪的印度字体。

第 13 件。嘉地(Gya)。图版 10。多门塔(sgo mang)。下部两边为两个小金刚橛(phur bu),上部右侧有一面小旗,左边的图案我无法确定,也许是一面旗。塔的周围是缘起法颂: ye dharmā... 约九至十世纪的印度字体。

第 14 件。斯多克(Stok)。莲花上为天降塔。周围是缘起法颂: ye dharmā... 约九至十世纪的印度字体。

第 15 件。娘尔玛(myar ma)。中央可能是和合塔。两边莲花上
为两个略小的菩提塔。其余的空间压印有常见的缘起法颂,九至十 76
世纪的印度字体。

第 16 件。底克塞(Tikse)。图版 11.a。中央为多门塔(sgo mang),与第 13 件完全相同。周围铭文风蚀严重,上部是陀罗尼,内容与第 5 件相同。下部是缘起法颂: ye dharmā... 十至十一世纪的印度字体。

第 17 件。弥如(Miru)。三座菩提塔,但因擦擦的保存状况而无法比定中央的佛塔,可能阶基处刻有阶梯,如天降塔。伞盖上饰以飞幡、小铃。有草率而不规范的藏文转写的缘起法颂。

第 18 件。斯多克(Stok)。中央可能是三座天降塔。周围是缘起法颂,约九至十世纪的印度字体。

第 19 件。邦吉(Pangi)。中央是菩提塔。周围是缘起法颂: ye dharmā... 约十世纪的印度字体。

第 20 件。娘尔玛(myar ma)。图版 11.b。天降塔,周围是藏文转写的缘起法颂: ye dharmā...

第 21 件。弥如(Miru)。天降塔,周围有九座小塔。也许它们代表装藏佛舍利的十座窣堵波,如上文所提,汉译佛经有此传统。周围是藏文转写的缘起法颂: ye dharmā...

第 22 件。娘尔玛(myar ma)。图版 12.a。下部是天降塔,上部

和周围是缘起法颂：ye dharmā... 字体约为十至十一世纪。

77 第23、24、25、26件。娘尔玛(myar ma)。图版12.b。藏文转写的缘起法颂(evaṃ vātī)。

第27件。娘尔玛(myar ma)。藏文转写的陀罗尼，与第5件相同。

第28件。弥如(Miru)。图版12.c。菩提塔，下部为双层塔座。周围是藏文草书转写的真言(mantra)或陀罗尼(dhāraṇī)。右边：dzva la ta..| sa. ha ra na ma?| ya ma ma| taśṇī śa| hūm oṃ rva śam| mune muneya|；下部：oṃ a hūṃ|；左边：dzva..| .rbha| oṃ śaṃ| sa.. ta dha| .. hum hum|，陀罗尼或许与第5件相同。

第29件。娘尔玛(myar ma)。残件，三座塔置于塔座之上，均为菩提塔。中央塔的塔瓶两侧可见 dri tra；下部是：oṃ ma ṇi pa dme [hūṃ]，即六字真言(saḍakṣaramantra)。

第30、31件。列城(Leh)。中央为菩提塔，周围是十个小塔，无十三相轮。也许与汉译佛经以及 *vaiḍūrya dkar po g.ya' sel*［白琉璃论·除疑答问］提到的十一塔有关。下部铭文风蚀严重，内容为缘起法颂：ye dharmā... 约八至九世纪的印度字体。

第32件。斯多克(Stok)。天降塔。中央和四周是缘起法颂，约十一世纪的印度字体。

第33件。斯多克(Stok)。图版13.a。中央为天降塔，两边是两个小菩提塔。其余空间压印有缘起法颂：ye dharmā... 十至十一世纪粗率的印度字体。

第34件。嘉地(Gya)。三座塔，中央大塔是天降塔，其他两座无十三相轮。周围以及其余空间是藏文转写的缘起法颂。

78 第35件。斯多克(Stok)。中央为菩提塔，周围为四个小支提。其余空间为缘起法颂：ye dharmā... 约九至十世纪非常粗率的印度字体。

第36件。斯多克(Stok)。中央为天降塔，四周有四座小塔。下部有缘起法颂的痕迹：ye dharmā...

第37件。雪韶(Shushot)。图版13.b。莲座上(padmāsana)安置佛塔，圆形阶基由一排排莲瓣组成，因此可能是莲聚塔。塔的周围是缘起法颂：ye dharmā... 约十一世纪的北印度字体。

第 38、39 件。雪韶(Shushot)。莲花上为天降塔。两边是两座微型塔,无十三相轮,从而可以确认为是涅槃塔。周围和两边是缘起法颂：ye dharmā... 约十至十一世纪的北印度字体。

第 40、41 件。雪韶(Shushot)。图版 14。上部,三朵莲花上有三座菩提塔,居中者较大;塔间空隙略高处有两座同类小塔。下部是藏文转写的缘起法颂：ye dharmā... he vaṃ vātī，在 mahāśramaṇah 前的 sa kya ta 可能是后加入的。

第 42 件。弥如(Miru)。莲花上为两座菩提塔,饰以常见的飞幡。无铭文。

第 43 件。朗杰(Namgyal)。塔瓶位于三层六角形阶基之上。无铭文。

第 44 件。斯多克(Stok)。五十六个小塔以同心圆方式围绕中间的塔,具体来说：第一圈二十九塔、第二圈十八塔、第三圈八塔、中 *79*
间一塔。所有的塔似乎都属同一类型,但其中有三个是颠倒安排的,且比其他的略小,似乎是制作擦擦模子的人为了绝对地达到八的倍数五十六而后补的。塔与塔之间,从中央开始,是缘起法颂：ye dharmā,印度字体。其后的陀罗尼几乎无法识读：sa da na ma sa sga (?) ta...

(二) 压印天众身像的擦擦

第 45、63、83、84、98、99 等件。为了论述方便,我据其所表现的不同天众,将此类擦擦放在下一组讨论。

二、脱 模 组

(一) 单像

第 45 件。如姆泽(Rumtse,嘉地附近)。图版 15。大日如来(Vairocana, rnam par snang mdzad)和金刚座释迦牟尼(Śākyamuni Vajrāsana)。如来身不着衣,顶有肉髻(uṣṇīṣa),金刚跏趺坐(vajraparyaṅka)

于莲花之上[1]，莲茎似乎从水中生长而出。右像双手施转法轮印(dharmacakramudrā)，左像右手施触地印(bhūmisparśamudrā)、左手抬
80 起至胸前施禅定印(dhyānamudrā)。无疑，前者表现的是大日如来，其通常是与仁钦桑波(Ratnabhadra, rin chen bzang po)有关的寺院的主尊。后者是金刚座释迦牟尼。两像头部之间的小基台上似乎有脚迹，无法判定属谁。下部，像座的莲茎之间的花朵可能是莲花。两像均有背光(prabhāmaṇḍala)。

右侧为两身草率的动物形象：一匹马和一头象。由于发现擦擦时金刚座(Vajrāsana)释迦牟尼像下方的边缘已损坏，无法确定此处是否有其他动物。马和象成对出现，使我联想到与之相配的另一对：狮子和公牛。根据某些佛教世界观，它们位于于阿耨达池(Anavatapta)的四边，从其口涌出南赡部洲(Jambudvīpa)的四大河：东边牛口出恒河(Gaṅgā)，南边象口出信度河(Sindhu)[2]，西边马口出缚刍河(Vakṣu 或 Pakṣu)，北边狮口出徙多河(Sītā)。

佛教保留的四分天下的世界观可能源于一种远离海洋的江河文明，或许与晚期穆斯林旅行者记录的世界由四天子统治的印度传统说法有关[3]。这种观念的源头肯定很古老。上述神话中流出四条河流的动物，在萨尔那特(Sārnāth)的柱头上已象征四方。它们的原型可能
81 来自于古代的宇宙神话，对此当今除佛教文献中有简短提及外，其他痕迹均已消失。不排除发现于摩亨佐・达罗(Mohenjodaro)的象、虎、水牛、犀牛四动物环绕中央主神的著名图章出于相似观念而制作[4]。把犀牛替换为马可以用印度—伊朗部族将马传入印度来解释。无

---

[1] 双盘，右脚置于左大腿处，左脚置于右大腿处，双足足心向上。

[2] 萨特莱杰河，藏人称做象泉河(glang chen kha 'bab)。

[3] P. Pelliot, "La théorie des quatre fils du Ciel", *T'oung Pao*, 22, 1923, p. 97.
译者注：汉译见冯承钧译，《西域南海史地考证译丛》第一卷，北京：商务印书馆，1995 年，第 84—103 页。

[4] J. Marshall (edited by), *Mohenjo-daro and the Indus Civilization being an Official Account of Archaeological Excavations at Mohenjo-daro carried out by the Government of India between the Years 1922 and 1927*, London, Arthur Probsthain, 1931, vol. I, pl. XII, n. 17 [pp. 52 - 53].

论如何,我认为科斯马·印第科普莱特斯(Cosma Indicopleustes)亦曾述及、也出现于佛教钱币上的四动物组合观念的源头为宇宙观并与之有联系,而不仅象征佛传中的某些殊胜因缘:象,象征入胎;牛,象征佛诞生的吠舍佉月(Vaiśākha,4、5月);马,象征佛出家苦行(abhiniṣkramaṇa);狮子,象征佛说法,又称狮子吼(siṃhanāda),同时释迦牟尼也被称做释迦狮子(Śākyasiṃha)[1]。显然,正如在印度经常发生的,随着时间的推移两种象征意义产生了重叠。

第46件。列城(Leh)。无量寿佛(tshe dpag med)[2]。佛坐于狮子座(siṃhāsana)上的莲台上,座位正面有两只孔雀,即无量寿佛的传统骑乘(vāhana)。佛呈金刚跏趺坐(vajraparyaṅka),身饰种种庄严[3],头戴宝冠(mukuṭa),施禅定印(dhyānamudrā)的双手上置净瓶(kalaśa, bum pa)。周围铭文为藏文转写的无量寿佛的真言:oṃ vajra-āyuṣe svāhā。 82

第47件。乌谷(Ugu)。无量寿佛。身形如上。藏文转写的真言:oṃ dri hūṃ vajra dzna (jñā) na ā yu ṣe svāhā a (oṃ?) ja。

第48、48b件。列城(Leh)。无量寿佛。无狮子座,身形如上。

---

[1] A. Foucher, *The Beginnings of Buddhist Art*, pl. I [pp. 28－29].

[2] 译者注:原文给出了无量寿佛的两种梵文名号:Amitāyus, Amitābha。后来,图齐在《梵天佛地》第四卷,第二册,第428页对此有专门校正,他说:"我混淆了无量光佛(Amitābha)和无量寿佛(Amitāyus),对此我在《梵天佛地》第三卷,第一册,第58页作了详细区分。"因此,译本据藏文径直译作无量寿佛。

[3] 天众的装饰在 *Pārānandasūtra* [波罗难陀经]中的排列顺序为:

> nābhilambhiny udaralambinī hṛllambinī vā mālā | hastayor valaye | karṇayoḥ kuṇḍale | dakṣānāmikāyām aṅgulīyakam ||
>
> 颈饰或悬挂于脐、或悬挂于腹,或悬挂于胸;两手配钏;耳饰耳铛;右手无名指戴戒指。

Trivikrama Tīrtha (edited by), *Pārānanda sūtra*, Baroda, Oriental Institute, 1931, p. 5.

除了 *Sādhanamālā* [成就法鬘]之外,白玛噶波(pad ma dkar po)的 *sgrub pa'i thabs rgya mtsho'i cho ga rjes gnang dang bcas pa 'dod dgu'i dpal gter* [成就法海仪轨并随许法·妙欲吉祥宝藏]中描述有一百五十五身天众,这对于辨认不同的图像样式十分有用。

周围是藏文转写的真言：oṃ vajra a yu ṣe svāhā oṃ ā hūṃ。

第 49、50、51 件。卡则(Kaje)、列城(Leh)。无量寿佛。图版 16.a。三件相似,属同一类。真言：oṃ vajra ā yu ṣe svāhā。

第 52 件。塔波(ta pho)。无量寿佛。坐于以孔雀为饰之宝座上。铭文无法识读。

第 53 件。列城(Leh)。无量寿佛。与前面几件类似,无铭文。

第 54 件。卡拉孜(Khalatse)。无量寿佛。位于三叶形框内,与前面类似,无铭文。

第 55 件。巴高(Basgo)。无量寿佛。图版 16.b。佛于莲花上呈金刚跏趺坐(vajraparyaṅka)。左右两菩萨亦坐于莲座上。佛右侧为弥勒(Maitreya),左手持长茎莲花,右手施思惟印(vitarkamudrā)。左侧为文殊(Mañjuśrī),坐姿相同,右手施思惟印,左手依地,持长茎莲花,花上置剑(参看第 88、89 件,图版 23.b)。

第 56 件。卡则(Kaje)。无量寿佛。图版 16.c。佛于莲花上呈金刚跏趺坐(vajraparyaṅka),并位于三叶形框内,上悬花彩。两侧各有一菩萨,均为右手施与愿印(varadamudrā);左手置于腿侧,标识和手印无法辨认。

第 57 件。乌巴西(Upshi)。图版 16.d。不动佛(Akṣobhya, mi bskyod pa)。佛身饰种种庄严、头戴宝冠,于莲花上呈金刚跏趺坐(vajraparyaṅka)。右手施触地印(bhūmisparśamudrā),即佛在菩提树
83 下觉悟时,传唤大地作证的手印。左手施禅定印(dhyānamudrā),其上竖置金刚杵(vajra, rdo rje)。两边是藏文转写的真言：oṃ ā hūṃ。

第 58 件。乌谷(Ugu)。不动佛。身形如上,藏文转写的铭文同上,但风蚀严重。莲花位于宝座上,其正面可见两头象。不动佛的骑乘(vāhana)正是大象。左边有一座塔。

第 59 件。萨婆拉(Saspola)。不动佛。身形如上,但下部残损。塔位于右侧,周围风蚀严重。真言：oṃ ā hūṃ。

第 60 件。杰朗(Kyelang)。不动佛。图版 16.e。陶质擦擦。佛着袈裟,顶有肉髻(uṣṇīṣa)。背光环绕。宝座有两象。其他与上面相同。

第 61 件。列城(Leh)。不动佛。身形如上,周围铭文无法辨识。

第 62 件。斯多克(Stok)。宝生佛(Ratnasambhava)。图版 16.f。

佛坐于座上之莲台，呈金刚跏趺坐(vajraparyaṅka)，宝座正面可见相向而奔的双狮。狮子是宝生佛的骑乘(vāhana)[1]。佛着袈裟，顶有肉髻(uṣṇīṣa)。右手施与愿印(varadamudrā)，左手施禅定印(dhyānamudrā)，手上托钵(piṇḍapātra, lhung bzed)。两侧有两个饰耳环等饰物、呈双手合十(añjalimudrā)供养姿的小天人(deva)。天人之上有两个台座，台座上面有两只鸟，从弯曲大涡形的长尾可辨认出是孔雀。再上面是金翅鸟 (garuḍa)。

类似的构图参看巴特恰利亚(Bhattacharyya)[2]。

第63件。斯多克(Stok)。图版17。金刚座(Vajrāsana, rdo rje gdan)释迦牟尼，即成道时的释迦牟尼。佛着袈裟，于菩提道场(bodhi-maṇḍa) 呈金刚跏趺坐 (vajraparyaṅka)。左手施禅定印 (dhyāna-mudrā)，右手施触地印(bhūmisparśamudrā)。佛有头光，其肩侧及顶部环绕有三座天降塔。佛的两侧有两个立于莲花上的菩萨或天人，戴有头冠，右手施思惟印(vitarkamudrā)。有铭文的痕迹，九至十世纪的印度字体。下部是缘起法颂：...hy avadat teṣām ca yo nirodha。往上，在宝座和菩萨之间，即佛的左侧是：dya sarvasatva...rva la。此擦擦与康林罕(Cunningham)发表的[3]、发现于菩提伽耶(Bodhgayā)而在印度各地流通的擦擦极为相似。例证参看巴特萨利(Bhattasali)[4]。 84

第64件。列城(Leh)。图版18.a。金刚座释迦牟尼。身形如上，座佛两侧的两个小天人呈供养姿。

第65件。列城(Leh)。金刚座释迦牟尼。佛呈禅定坐(dhyā-nāsana)[5]，周围藏文转写的铭文为：oṃ namo mahāmune svāhā

---

[1] 译者注：原文如此，狮子通常是大日如来的骑乘。

[2] B. Bhattacharyya, *The Indian Buddhist Iconography Mainly Based on the Sādhanamālā and Other Cognate Tāntric Texts of Rituals*, Calcutta, Oxford University Press, 1924, pls. VII, VIII [pp. 2-3, 4-5].

[3] A. Cunningham, *Mahābodhi or the Great Buddhist Temple under the Bodhi Tree at Buddha-Gaya*, London, W. H. Allen and co., 1892, pl. XXIV [pp. 50-52].

[4] N. K. Bhattasali, *Iconography of Buddhist and Brahmanical Sculptures in the Dacca Museum*, Dacca, Dacca Museum, 1929, pl. IX [p. 31].

[5] 与金刚跏趺坐(vajraparyaṅka)不同的是，禅定坐只可见左足心。

唵！顶礼大牟尼！娑婆诃！

第66件。谢地(Sheh)。金刚座释迦牟尼。佛坐于莲花上，位于一座尖券穹隆顶的小殿中。两侧的小立像或是两个弟子，或是两个天人(deva)。很可能佛殿表现的是摩诃菩提寺(Mahābodhi)。

第67件。列城(Leh)、斯多克(Stok)。金刚座释迦牟尼。佛无胁侍。莲台位于宝座之上，正面可见两狮头。

85 第68件。嘉地(Gya)。图版18.b。释迦牟尼。施转法轮印(dharmacakramudrā)。周围是缘起法颂。

第69件。朗杰(Namgyal)。释迦牟尼？擦擦蚀损的程度使我无法比定该像。坐像呈金刚座姿(vajrāsana)，双手施禅定印(dhyānamudrā)。可能是手上置净瓶(kalaśa)的无量寿佛或以金刚杵(vajra)为标识的不动佛(Akṣobhya)。

第70件。斯多克(Stok)。图版19.a。佛于莲花上呈金刚跏趺坐(vajraparyaṅka)，周围是藏文转写的缘起法颂：ye dharmā...

第71件。嘉地(Gya)。图版19.b。世间怙主(Lokanātha)。于莲花上呈轮王坐(lalitākṣepa)，该姿式不同于游戏坐(lalitāsana)，因为，如该词本身所指，右腿不是沿宝座下垂而是屈膝使脚踵触左腿跟；也不同于舒相坐(rājalilāsana)，因为右手不在右膝上。

菩萨左手持一长茎莲花，右手施与愿印(varadamudrā)。头戴宝冠，头光环绕。右边似乎为与莲花相对称而有一座小塔，顶饰飞幡(patākā)。塔边有铃(ghaṇṭā, dril bu)。因此，这个样式完全是依照*Sādhanamālā*［成就法鬘］中第十八成就法(sādhana)而来。

> jaṭāmukuṭamaṇḍitam || vajradharmajaṭāntaḥstham aśeṣaroganāśanaṃ | varadaṃ dakṣiṇe haste vāme padmadharaṃ tathā || lalitākṣepasaṃsthaṃ tu mahāsaumyaṃ prabhāsvaraṃ |〔1〕
>
> 髻之宝冠以为饰，髻之边处金刚法，诸病无余悉灭除，右

〔1〕 B. Bhattacharyya (edited by), *Sādhanamālā*, Baroda, Oriental Institute, 1925, vol. I, p. 49; B. Bhattacharyya, *The Indian Buddhist Iconography*, pl. XX d［pp. 36－37］.

手如是施与愿，左手之中持莲花，轮王姿势而端坐，极大寂静光自焰。

塔下部可以识读出六字真言(ṣaḍakṣaramantra)：oṃ maṇipadme hūṃ，其是作为六字大明咒(ṣaḍakṣarīmahāvidyā)本师(ādiguru)的世自在(Lokeśvara)真言。而据 *Sādhanamālā*［成就法鬘］，世间怙主(Lokanātha)的真言应是：oṃ hruḥ svāhā。真言的不一致不能改变我对他的比定，因为世自在和世间怙主是藏地怙主观音(Avalokiteśvara)的两个身形，其真言为：oṃ maṇipadme hūṃ。总之，六字世自在(Ṣaḍakṣarī Lokeśvara)的通常表现与世间怙主完全不同，两者不可能混淆。 86

像的周围是藏文转写的缘起法颂：ye dharmā... (vātī teśāṃ)；为了标示长音 ī 使用反写的 gi gu。从审美角度而言，这无疑是我所见的最精美的擦擦之一。它与达卡(Dacca)地区、塞卜哈尔(Sabhar)附近的拉贾桑(Rājasan)所出土的陶板上浮雕的同类小像极为相似[1]。

第 72 件。斯多克(Stok)。世间怙主(Lokanātha)。身形如上，但艺术水平不及其精致，且保存也不如前者完美。无塔、铃和真言。像周围的陀罗尼几乎无法识读，十至十一世纪的北印度字体。

第 73 件。谢地(Sheh)。世间怙主(Lokanātha)。身形如上，所用模具或许与第 71 件一致或相似。

第 74 件。乌谷(Ugu)。图版 20.a。观音(Avalokiteśvara, spyan ras gzigs)。身形为六字世自在(Ṣaḍakṣarī Lokeśvara)，即六字大明咒怙主：oṃ maṇipadme hūṃ。这个样式巴特恰利亚(Bhattacharyya)已有描述[2]。其为六字世自在曼荼罗主尊(gtso bo，与眷属 parivāra, 'khor 相对)，即世自在及其胁侍持摩尼宝(Maṇidhara)、六字大明佛母 87

---

〔1〕 N. K. Bhattasali, *Iconography of Buddhist and Brahmanical Sculptures in the Dacca Museum*, pl. X b［p. 32］，第一排的图版 2，第二排的图版 1 和 5，第三排的图版 1 和 3。

〔2〕 B. Bhattacharyya, *The Indian Buddhist Iconography*, p. 33; *Sādhanamālā* II, p. CL.

(Ṣaḍakṣarīmahāvidyā)。它是藏族图像学中最常见的观音(spyan ras gzigs)样式之一,称为“六字大明主从三”(yi ge drug pa'i rig pa chen po'i gtso 'khor gsum)。

菩萨于莲花上呈金刚跏趺坐(vajraparyaṅka),诸种严饰,头戴宝冠。四臂中,两主臂双手于胸前合十(añjali),其他两臂,左手持莲花、右手持念珠(akṣamālā, bgrang 'phreng)。宝座下面有藏文转写的六字真言: oṃ maṇipadme hūṃ。

第 75 件。列城(Leh)。图版 20.b。观音(Avalokiteśvara, spyan ras gzigs)。围绕菩萨的六字真言重复三次。

第 76、77、78、79 件。列城(Leh)、顿卡(Dankhar)、杰朗(Kyelang)、塔波(ta pho)。观音(Avalokiteśvara, spyan ras gzigs)。身形如上,但无铭文。这些是最常见的擦擦,于佛寺塔廊随处可见,因为观音是藏地怙主,其真言加持力甚大。

第 80 件。列城(Leh)。图版 21。十一面观音(Avalokiteśvara, spyan ras gzigs zhal bcu gcig)。菩萨呈立姿,身着天衣,其十一面排列如下: 三、三、三、一、一。八臂,两主臂双手于胸前合十(añjali);右手从上开始: 持念珠、轮(cakra, 'khor lo)、施思惟印(vitarkamudrā)。左
88 手从上开始: 持莲花、弓、海螺。菩萨位于三叶形框内,其头部周围是常见的六字真言。

第 81 件。塔波(ta pho)。十一面观音(Avalokiteśvara, spyan ras gzigs zhal bcu gcig)。身形如上。菩萨的左臂下有: oṃ ā hūṃ。

第 82 件。雪韶(Shushot)。莲花手世自在(Padmapāṇi Lokeśvara)。菩萨立于莲花上,诸种严饰,头戴宝冠(mukuṭa),左手持长茎莲花,右手施与愿印(varadamudrā)。左边是藏文转写的六字真言(ṣaḍakṣara-mantra)。

第 83 件。底克塞(Tikse)。图版 22.a。五字文殊(Arapacana Mañjuśrī)。菩萨头戴宝冠。于莲花上呈禅定坐(dhyānāsana)。据 *Sādhanamālā*［成就法鬘］的描述[1],其左手于胸前持经函(pu-ṣṭaka),即 *Prajñāpāramitā*［般若波罗蜜多］。右手持剑,象征除灭

---

〔1〕 *Sādhanamāla* I, pp. 121－122.

无明之般若[1]。周围是缘起法颂：ye dharmā... 字体为十一至十二世纪。

第 84 件。列城(Leh)。五字文殊(Arapacana Mañjuśrī)。铭文为常见的缘起法颂：ye dharmā... 十一至十二世纪的北印度字体。

第 85 件。巴高(Basgo)。五字文殊(Arapacana Mañjuśrī)。头部佚失，左边有一朵莲花，无铭文。

第 86 件。列城(Leh)。图版 22.b。五字文殊(Arapacana Mañjuśrī)。菩萨面部损坏，金刚跏趺坐(vajraparyaṅka)。右边是藏文转写的真言：oṃ ā ra pa tsa na dhiḥ。种子字(bīja)，即 dhiḥ 属于成就法文献中通常称为顿观(Sadyo 'nubhava)的五字文殊。 89

五字文殊的供养在拉达克历史悠久。在该地的寺院或最古老的教法中心，如姆拜(Mulbek)、阿济('a lci)、谢地(Sheh)等常常可以看见凿刻于岩石上的五字文殊的名号及真言。

第 87 件。底克塞(Tikse)。图版 23.a。五字文殊(Arapacana Mañjuśrī)[2]。第一种样式。菩萨于莲花上呈禅定坐(dhyānāsana)。头戴宝冠。左手持长茎莲花，上置般若(prajñā)经函，右手持剑横于头上。右边有一座小塔。菩萨位于上部弯曲成三叶状的圆环内。周围是古藏文转写的缘起法颂：ye dharmā...

第 88、89 件。列城(Leh)。图版 23.b。五字文殊(Arapacana Mañjuśrī)。第二种样式。身形如上，但左手于胸前施思惟印(vitarka-mudrā)。承托般若(prajñā)经函的莲花花茎于菩萨左侧略为弯曲。

第 90、91 件。列城(Leh，图版 24.a)、巴高(Basgo)、塔波(ta

---

[1] 一些佛典，例如 *Mahākalparāja*［大教王经］认为下面的优陀那颂(udāna)为文殊所说(第 38 叶正面)：

> idam sarvabuddhānāṃ prajñāpāramitānayaṃ | chettāram sarvaśatrūnāṃ sarvapāpaharaṃ param ||
>
> 此是一切大觉尊，般若波罗蜜多理，能断一切胜怨敌，灭除一切诸罪垢。

译者注：汉译引自《佛说一切如来真实摄大乘现证三昧大教王经》，《大正藏》第 18 册，经号 882，第 346 页下栏。

[2] 译者注：关于该擦擦的辨识，图齐在《梵天佛地》第四卷，第二册，第 428 页有校正：此种样式的文殊应是五字文殊。此处径改。

pho)。五字文殊(Arapacana Mañjuśrī)。第三种样式。菩萨于莲座(padmāsana)上呈金刚跏趺坐(vajraparyaṅka)，诸种严饰，头戴宝冠，双手于胸前施转法轮印(dharmacakramudrā)，两侧有两朵莲花，右边莲花上竖置宝剑、左边莲花上置般若(prajñā)经函。

第92件。巴高(Basgo)。五字文殊(Arapacana Mañjuśrī)。有铭文的痕迹(oṃ...m)[1]。

第93、94件。列城(Leh)和扎西岗(bkra shis sgang)。图版24.b。弥勒(Maitreya, byams pa)。其着袒右袈裟，贤坐(bhadrāsana)
90 于覆有垫子之座上。脚踏莲花，长耳及肩，此为大人(mahāpuruṣa)之相。头顶发髻，双手齐胸施转法轮印(dharmacakramudrā)。左边有一朵花，也许是瞻波迦花(campaka)，或是龙须花(nāgakeśara)，其上置有净瓶(kalaśa)。由这些特征判断，擦擦上表现的不是弥勒菩萨，而是下一劫(kalpa)的弥勒佛。

第95件。列城(Leh)。图版25.a。弥勒(Maitreya)。表现为菩萨相，于莲花上呈金刚跏趺坐(vajraparyaṅka)，双手施转法轮印(dharmacakramudrā)。右边莲花上置如意宝(cintāmaṇi)。左边龙须花(nāgakeśara)上置净瓶(kalaśa)。右下方有一座小塔。周围是弥勒真言：oṃ mai tre [ya] maiṃ。

第96件。列城(Leh)。弥勒(Maitreya)。身形如上，但尺寸略小，无铭文。

第96b件。列城(Leh)。弥勒(Maitreya)。身形如上，但尺寸更小，菩萨右边无塔。

第97件。嘉地(Gya)。图版25.b。弥勒(Maitreya)？其立于莲花上，诸种严饰，头戴宝冠。右手于身侧执长茎莲花，左手齐胸，可能施无畏印(abhayamudrā)或思惟印(vitarkamudrā)。左肩处的花上置有一物，可能是净瓶(kalaśa)，即弥勒常见的标识。

第98、99件。斯多克(Stok)。图版26。金刚持(Vajradhara)。其于莲座上呈禅定坐(dhyānāsana)，右手当胸施思惟印(vitarkamudrā)，左手置于腿部，似持有花。头戴饰有宝缯之宝冠(mukuṭa)。周

---

[1] mun或mu是文殊真言中的圣音。

围是古藏文转写的缘起法颂：ye dharmā... 然后是真言：oṃ vajra dha ra ma hri ṣa[1] ya(?) gun rakṣāṃ ku ru svāhā。据此，我们得以比定该擦擦。 91

第 100 件。列城(Leh)。金刚持(Vajradhara)。身形如上，铭文为常见的缘起法颂：ye dharmā... 字体似乎更古。

以上三个擦擦展示了金刚持(Vajradhara)的新的图像样式，或更准确地说，是金刚持的某种变体。其常见的表现是双臂交叉，右手持金刚杵，左手持铃。

第 101 件。底克塞(Tikse)。图版 27.a。绿度母(Tārā Śyāmavarṇā，或简写为 Śyāmātārā，sgrol ma ljang gu，sgrol ljang)。据印藏图像学的传统样式，天女于莲花上呈游戏坐(lalitāsana)。右手垂于膝处，施与愿印(varadamudrā)，因此该度母亦称为与愿度母(Varadā Tārā)。左手当胸持莲花，右侧亦有花。无铭文。

第 102 至 107b 件。噶南(bka' nam)、列城(Leh)、底克塞(Tikse)等地。图版 27.b。绿度母(sgrol ljang)。身形如上。

第 108 件。杰朗(Kyelang)。图版 28.a。白度母(Śitā Tārā，sgrol ma dkar mo，sgrol dkar)。天女于莲花上呈金刚跏趺坐(vajraparyaṅka)，右手施与愿印(varadamudrā)，左手当胸持莲花，周围是藏文转写的度母真言：oṃ tā re tu ttā re tu re svāhā。

第 109 件。列城(Leh)。白度母(sgrol dkar)。身形如上，无铭文。

第 110 件。斯多克(Stok)。图版 28.b。金刚手(Vajrapāṇi，phyag na rdo rje，phyag rdor)。第一种样式。其体态壮硕，三眼，头戴宝冠，火焰炽燃(jvālāśikhā)。右手举握金刚杵(vajra)，左手施期剋印(tarjanīmudrā)。项链、耳铛为饰。伸左足 (pratyālīḍha)。巾帛随其疾行翩然飘扬。因此，其为怒相(krodha，khro bo)金刚手。右边有 oṃ vajra，胸部有 hūṃ，即金刚手真言的开始和结尾：oṃ vajrapāṇi hūṃ phaṭ。 92

[1] J. Hackin, *Formulaire sanscrit-tibétain du Xe siécle*, Paris, Librairie Orientaliste P. Geuthner, 1924, pp. 103, 105.

第 111、112 件。扎西岗(bkra shis sgang)、噶南(bka' nam)。图版 29.a、b。金刚手(phyag rdor)。身形如上。第 111 件可见残损铭文 phaṭ，即与第 110 件一致的金刚手真言。

第 113 件。列城(Leh)。图版 30。金刚手(phyag rdor)。第二种样式。伸左足(pratyālīḍha)，脚踏尸体[1]。三头，顶戴宝冠，主面为三眼。六臂，右边从上开始：持金刚杵、羂索，最后一手当胸施无畏印(abhayamudrā)；左边，上面一手施期剋印(tarjanīmudrā)，下面一手施与愿印(varadamudrā)，中间的手与右边对应持羂索。嘴可怕地龇咧，似欲扯断羂索。

与此非常相似的形象参见格伦威德尔(Grünwedel)[2]，唯一不同之处是后者为双身(yab yum，字面意思为“父母”)，表现本尊与其明妃(śakti，δύναμς)的结合，以此直白地象征获得菩提所密不可分的
93 两个要素：般若(prajñā)和方便(upāya)，后者指善巧修习大乘教法，尤其是大悲(mahākaruṇā)。

因此，怒相(krodha)金刚手(Vajrapāṇi)是藏地金刚手图像中的主流，他不仅被视作护法神，也是降魔者，并以其金刚神力迫使一切有情皈依佛、法、僧三宝。怒相金刚手尤见于金刚乘(Vajrayāna)，密教经论十分详细地描述了金刚手对所有谤佛和不信仰者的降服(digvijaya)：首先降服的是自认为三界主宰的大自在天(Maheśvara)或湿婆(Śiva)，他不想接受金刚手的任何劝告，因此，金刚手将他打翻在地，并将其连同天后(devī)乌摩(Umā)一起踩在脚下。金刚手——其他金刚乘经论中认为是不动明王(Acala Vidyārāja)[3]——对湿婆的降服值得关注，因为它以神话和戏剧的形式反映了怛特罗佛教与湿婆派之间的

---

[1] 此例中座位也是天众常用的莲座，差异在于颜色不同。当莲座(padmāsana)上部为白色时，称为月轮座(candrāsana)，红色时则为日轮座(sūryāsana)。月轮座属于静相(śiva, zhi ba)天众，日轮座属于怒相(krodha, khro bo)天众。

[2] A. Grünwedel, *Mythologie des Buddhismus in Tibet und der Mongolei. Führer durch die lamaistische Sammlung des Fürsten E. Uchtomskij*, Leipzig, F. A. Brockhaus, 1900, pl. 135 [p. 161].

[3] 参见《底哩三昧耶不动尊圣者念诵秘法经》，《大正藏》第 21 册，经号 1201，第 14 页上栏。

激烈斗争。这种斗争在 *Sarvatathāgatavajrasamayamahākalparāja*［一切如来金刚三昧耶大教王经］中有充分的描述[1]，其大部残篇已在尼泊尔发现，写本为贝叶，以晚期笈多字体写成，大约为九世纪[2]。写本保存了对怒相金刚手的观想以及依照仪轨的描述将其绘制于曼荼罗中的规则[3]： 94

Tatra madhye mahāsattvaṃ vajrapāṇiṃ samālikhet |
mahānilotpalarucaṃ vajrahūṃkārasaṃgraham ||
īṣaddaṃṣṭrakarālāsyaṃ saroṣahasitānanam |
pratyālīḍhasusa [ṃsthānam mā] lāmālākulaprabham ||
vāmapādasamākrāntas tena kāryo maheśvaraḥ |
dakṣiṇaṃ tu likhet pādaṃ umāstanabharasthitam ||
彼中应画大萨埵，所谓金刚手圣尊，
彼尊乘大青莲华，金刚吽迦啰胜相。[4]
利牙外出极威猛，复现忿怒喜笑眼，
举金刚步善妙相，具彼焰鬘大光明。
左足平步现威势，踏彼大自在天身，
右足如应画亦然，乌摩天后乳间置。[5]

据上所记，在我描述的擦擦以及类似的金刚手形象中，其脚下所踏的两具尸体应该是湿婆派的两位主神。因此应该将前面所提到的怛特罗经典看做该图像样式的源头。

第 114 件。那果（Nako）。图版 31。胜乐金刚（Śaṃvara，bde

---

〔1〕 译者注：汉译参见《佛说一切如来真实摄大乘现证三昧大教王经》，《大正藏》第 18 册，经号 882。藏译参见《西藏大藏经总目录》第 479 号。

〔2〕 写本的收集、保存者凯萨森塞姜格巴哈杜尔（Kesar Sham Sher Jang Bahadur）将军寄给我第 75 叶背面的一份抄本，并以其一贯的友善，允许我查看抄写。整个段落的发表和翻译见附录二。该段值得进一步研究，我将在有关印度哲思的另一本书中阐释。

〔3〕 参见第 87 叶。

〔4〕 这意味着金刚手表现其怒相（krodha）时，依靠旋转摇动金刚杵（vajra）和发出“吽”声来降服对手。

〔5〕 译者注：《大正藏》第 18 册，经号 882，第 376 页下栏。

mchog)[1]。伸右足(ālīḍha),足踏两个特征不太清楚的人像。腰饰骷髅鬘,四面,主面可见第三眼。四面皆著骷髅冠,头结仙人顶髻,竖如锥形。十二臂,拥抱明妃(śakti)金刚亥母(Vajravārāhī)。明妃为
95 两臂,左手环抱胜乐金刚脖颈,右手挥舞金刚杵(rdo rje)。胜乐金刚双臂交于明妃身后,右手持金刚杵(vajra),左手持铃(ghaṇṭā, dril bu)。其他五对手臂持有如下标识,右边从上开始:象皮带子梢(glang lpags);鼗鼓(ḍāmaru);钺斧(paraśu, dgra sta);看不清楚,应该是一把钺刀(karttrī, gri gug);三叉戟(triśūla, kha tvaṃ ga rtse gsum);左边从上开始:施期剋印(tarjanīmudrā)、象皮的另一端;天杖(khaṭvāṅga);颅器(kapāla, thod pa);羂索(pāśa, zhags pa);三面梵头(Brahmā)[2]。

除一些次要的细节——如此例中拥明妃双手持铃和金刚杵,而非两个金刚杵——与格伦威德尔(Grünwedel)的图例稍有不同外,两式几乎相同[3]。

下方可见胜乐金刚七字(saptākṣara)真言:oṃ hrīḥ hā hā hūṃ hūṃ phaṭ, *Sādhanamālā*［成就法鬘］视其为七字胜乐金刚真言[4],尽管它所对应的图像与我们的完全不同。

第115件。底克塞(Tikse)。图版32。胜乐金刚(Śaṃvara, bde mchog)。无明妃(śakti),但手中有相同标识。上方,头冠和发髻边缘有
96 两座小塔,下部有七字真言(saptākṣaramantrā):oṃ hrīḥ hā hā hūṃ hūṃ phaṭ和缘起法颂:ye dharmā...字体为十至十一世纪。

---

〔1〕译者注:原书写作 Saṃvara,图齐在《梵天佛地》第四卷,第二册,第428页有校正:"Saṃvara 应拼作 Śaṃvara,关于该本尊,参见《梵天佛地》第三卷,第二册,第7页以下的相关论述。"此处径改。

〔2〕在印度——因而也在藏地——有大量关于胜乐的文献,其取自 *Śaṃvaratantra*［胜乐怛特罗］,后者被视作修证乐空双运的方法指导,注疏繁多。根据藏地传规,胜乐属于无上瑜伽部怛特罗(Anuttarayogatantra, rnal 'byor bla med rgyud),即最秘密和最难的密教修法。其他传规以密集(Guhyasamāja)、时轮(Kālacakra)、金刚手(Vajrapāṇi)、怖畏(Bhairava)为代表。

〔3〕A. Grünwedel, *Mythologie des Buddhismus*, pl. 84 [p. 103].

〔4〕*Sādhanamālā* II, p. 489; B. Bhattacharyya, *The Indian Buddhist Iconography*, p. 65.

第116件。列城(Leh)。图版33.a。大黑天(Mahākāla)。以格鲁派(dge lugs pa)的本尊智慧怙主(Prajñānātha, ye shes mgon po)的形象表现。其形体健硕,游戏坐姿(lalitāsana),面容怖畏,结仙人顶髻。四臂,右手从上开始:持剑和金刚杵(rdo rje)?[1];左手从上开始:持三叉戟和颅器(kapāla)。

第117、118、119、120件。列城(Leh)、扎西岗(bkra shis sgang)。图版33.b。金刚空行(Vajraḍāka)。双身(yab yum),于莲花上呈金刚座(vajrāsana)。三面,均戴宝冠,饰耳铛,主面前额有第三眼。紧紧拥抱着尽管只能看见两面但实际为三面的明妃(śakti)。明妃四臂,左手从上往下分别持一朵不易辨识的花与剑;右手亦自上而下:持羂索(pāśa)和一串花。金刚空行有六臂,拥抱明妃的双手所持之物,因擦擦保存状况而无法准确辨认,但可能是金刚杵和铃。其他手,右边从上往下持如意宝(cintāmaṇi)和镜子(ādarśa, me long),左边是剑和花。右边有藏文转写真言:oṃ va dzra ḍā ka。通过该真言我们可以比定其为金刚空行,尽管不能肯定他属于怛特罗文献或 97
Sādhanamālā[成就法鬘]中所列的金刚空行众多身形中的哪一种[2]。第120件擦擦的左边可见一座小塔。

第121件。斯多克(Stok)。迦希吉夜文殊(Kārttikeya Mañjuśrī)。图版33.c。菩萨骑着孔雀。头戴宝冠,两边飘带(paṭṭa, dpyangs)垂至双肩。右手高举握剑,左手于胸前持般若(prajñā)经函。菩萨右侧为金刚杵和三瓣花,左侧为交杵金刚(viśvavajra, sna tshogs rdo rje),其上有莲花。四周是藏文转写的缘起法颂:ye dharmā。标识及其

---

[1] 但按照观想(dhyāna)仪轨,应施与愿印(varadamudrā)。

[2] 译者注:关于该擦擦的比定,图齐在《梵天佛地》第三卷,第二册,第103页,以及第四卷,第二册,第429页均有勘误,他将擦擦表现的图像比定为[密集]主尊不动佛的化现嗔金刚(Dveṣavajra),并在第四卷中说:"我称为金刚空行(Vajraḍāka)的该图像样式实际表现的是藏传佛教,尤其是格鲁派(dge lugs pa)最常见的密集金刚(Guhyasamāja, gsang ba 'dus pa),密集是一部非常著名的怛特罗的标题,同时也是该怛特罗的主尊名号,他是不动佛(Akṣobhya)的化现,也是格鲁派的本尊(yi dam)。其图像表现参见《梵天佛地》第三卷,第二册,第103页。"但此处图齐对本尊标识的描述与《梵天佛地》第三卷中的描述并不一致。

配列使我们确定此处表现的是文殊的诸多身形之一。虽然孔雀是金刚法世自在(Vajradharma Lokeśvara)的骑乘[1],但标识不合。尽管擦擦上的标识属于文殊的特定身形,但金刚法有世自在的特定标识。幸运的是,我们可以通过 *Mañjuśrīmūlakalpa*［文殊师利根本仪轨经］来确定表现于擦擦上确切的图像样式[2]。

孔雀作为迦希吉夜文殊的骑乘[3],是晚期大乘佛教中印度教和佛教混融的众多例证之一。迦希吉夜或塞建陀(Skandha)的骑乘(vāhana)就是孔雀,所以汉文译为“乘孔雀之神”。

这种混融的产生可能主要基于两个原因：首先,文殊通常持的剑与迦希吉夜好斗的性格相吻合;其次,文殊通常的称号 Kumārabhūta,
98 使人们很自然地联想到迦希吉夜最为常用的一个称号：Kumāra[4]。

据我所知,此擦擦是这类图像样式的第一个实例。

第 122 件。列城(Leh)。图版 33.d。金刚萨埵(Vajrasattva, rdo rje sems dpa')。其于莲花上呈金刚跏趺坐(vajraparyaṅka),头戴宝冠,其上可见仙人顶髻。右手齐胸,手中所持之物不清晰,但只能是金刚杵。左手置于左腿,持铃。这是金刚萨埵标准的图像样式。

第 123 件。弥如(Miru)。图版 34.a。尊胜佛母(Vijayā, rnam rgyal ma),或更准确地说是顶髻尊胜佛母(Uṣṇīṣavijayā, gtsug tor

---

〔1〕 B. Bhattacharyya, *The Indian Buddhist Iconography*, p. 51.

〔2〕 译者注：汉译为《大方广菩萨藏文殊师利根本仪轨经》,《大正藏》第 20 册,经号 1191,藏译参见《西藏大藏经总目录》第 543 号。

〔3〕 T. Gaṇapati Sāstrī (edited by), *The Āryamañjusrīmūlakalpa*, Trivandrum, Government Press, 1920, part I, p. 45:

> dvitīyadvārasamīpe kārttikeyamañjuśrīḥ(sic) mayūrāsanaḥśaktipāṇiḥ raktāvabhāsamūrttiḥ pītavastranivastottarāsaṅginaḥ(sic) dakṣiṇahaste ghanṭāpatākāvasaktaḥ kumārarūpīmaṇḍalaṃ nirikṣamānaḥ |
>
> 第二重近门画童子天及妙吉祥,乘孔雀,手执枪,身红色,着黄衣,偏袒右肩。右手执铃、红幡,作童子相仪,瞻仰曼拏罗。

译者注：汉译引自《大方广菩萨藏文殊师利根本仪轨经》,《大正藏》第 20 册,经号 1191,第 856 页中栏。

〔4〕 M. Lalou, *Iconographie des étoffes peintes (paṭa) dans le* Mañjuśrīmūlakalpa, Paris, Librairie Orientaliste P. Geuthner, 1930, p. 69.

rnam rgyal ma)。佛母呈金刚跏趺坐(vajraparyaṅka)。三面[1],八臂,右手自上而下:持无量光佛小像——在此例看不到——金刚杵、箭(śara)、施与愿印(varadamudrā)。左手,仍自上始:施无畏印(abhayamudrā)、施期剋印(tarjanīmudrā)、持羂索和弓(cāpa)、施禅定印(dhyānamudrā),并于掌上置宝瓶(pūrṇakumbha)。尽管图像不清楚,金刚杵应是交杵金刚(viśvavajra, rdo rje rgya gram, sna tshogs rdo rje)。在拉达克和西藏西部,顶髻尊胜陀罗尼(dhāraṇī)经常刻写在嘛呢经墙上,并且往往以之代替最为常见的六字真言(ṣaḍakṣa-ramantra):oṃ maṇipadme hūṃ。 *99*

(二)天众组合

第124件。列城(Leh)。图版34.b。中间的像略大于其他五个,根据上面所见图像样式(第74件及其以后),表现的是六字世自在(Ṣaḍakṣarī Lokeśvara)。菩萨左右是呈金刚跏趺坐(vajraparyaṅka)的两身形象,也是四臂,其中两手于胸前合十(añjali),另两手:左手屈与肩高,手里似乎持一朵莲花,右手标识难以辨认,可能是念珠(akṣamālā)。无疑,他们是世自在的眷属(parivāra, 'khor):右边是持摩尼宝(Maṇidhara),左边是六字大明佛母(Ṣaḍakṣarīmahāvidyā)。这是印度常见的样式[2]。

上部,世自在之上为无量寿佛,其于莲座(padmāsana)上呈金刚跏趺坐(vajraparyaṅka),双手施禅定印(dhyānamudrā),上托净瓶。无量寿佛是五佛(pañcatathāgata)之一,观音(Avalokiteśvara)是其化现。根据传统的图像学样式,左上方为右手持剑、左手持莲花的文殊(Mañjuśrī);右上方为伸左足(pratyālīḍha)、右手持金刚杵、左手持颅器(kapāla)的金刚手(Vajrapāṇi)。

天众均围绕有常见的身光。

第125、125b件。第125b为残件。塔波(ta pho)。图版35.a。世自在(Lokeśvara)、持摩尼宝(Maṇidhara)、六字[大明佛母](Ṣaḍakṣarī)

---

[1] 左面黑色怒相,右面黄色静相。

[2] B. Bhattacharyya, *The Indian Buddhist Iconography*, pl. XVIII [p. 33].

身形如上。世自在上部应为无量寿佛，但像已风蚀，无法辨认细节。左边为金刚手(Vajrapāṇi)。右边的形象无法辨认。

100 第 126 件。斯多克(Stok)。图版 35.b。根据已知的图像样式，下方居中者为世自在(Lokeśvara)。左边为金刚手(Vajrapāṇi)，右边可能为格鲁派(dge lugs pa)的本尊(yi dam)智慧怙主(ye shes mgon po)，其标识无法辨认。上方居中形象在擦擦中比其他形象略大，应为曼荼罗主尊(gtso bo)，据上面的描述(第 123 件)，是顶髻尊胜佛母(Uṣṇīṣavijayā)。佛母右边是常式无量寿佛、左边是绿度母(Tārā Śyāmā)。周围藏文转写铭文为诸尊真言，多无法识读：oṃ vajra oṃ ma (?) ṇi...

第 127 件。乌谷(Ugu)。图版 36.a。该擦擦有五个小像，据其标识辨认如下：上方金刚持(Vajradhara, rdo rje 'chang)，双手交叉于胸前，右手可能持金刚杵(vajra)，左手持铃；第二排，右边的形象似乎是僧人，着袈裟，头戴通人冠(paṇ chen zhva mo)。左边是牛首金刚怖畏(Bhairava, 'jigs byed)，伸右足(ālīḍha)，右手持金刚杵、左手持颅器。据上面的图像样式，下方右边为顶髻尊胜佛母(Uṣṇīṣavijayā, rnam rgyal ma)，左边为六臂大黑天(Mahākāla, mgon po phyag drug)。右手自上而下似乎是持钺刀(gri gug)、鼗鼓(ḍāmaru)和如意宝(cintāmaṇi)；左手亦自上而下，持三叉戟、钺斧和颅器(kapāla)。

周围铭文几乎无法识读：ha ma dza na na。

第 128、129、130、131 件。巴高(Basgo)、列城(Leh)、乌巴西
101 (Upshi)。图版 36.b。三叶形。下方中间有一座塔，其左、右、上各有一身形象，均坐于莲花上，且有背光。下方左边，依据几次提到的图像样式，是顶髻尊胜佛母(Uṣṇīṣavijayā, rnam rgyal ma)，右边，同于第 108 件及随后几件的样式，是白度母(Śvetā 或 Śitā Tārā)。上面端坐居中者是呈金刚跏趺坐(vajraparyaṅka)的常式无量寿佛。左右为日月。

第 132 件。杰朗(Kyelang)。陶质擦擦：下方中间为如意宝(cintāmaṇi)，右边依据上述的样式是文殊(Mañjuśrī)，左边火焰环绕的是金刚手(Vajrapāṇi)。上方，在三层光环中的是世自在(Lokeśvara)。左右为日月。

第 133、134 件。塔波(ta pho)。天众的图像样式以及配列与第

128、131 件相似,但尺寸远远为大。

第 135、135b 件。斯多克(Stok)、噶南(bka' nam)。图版 37。中央为无量寿佛,于莲花上呈金刚跏趺坐(vajraparyaṅka),施禅定印(dhyānamudrā),掌上托净瓶(kalaśa)。诸种严饰,头戴宝冠。四周是十尊不动佛(Akṣobhya)小像,均着袈裟,于莲花上呈金刚跏趺坐,右手施触地印(bhūmisparśamudrā)、左手持金刚杵(vajra),每尊小像均有背光。周围有八座小塔,类型各不相同,应为第一部分已经讨论过的八大窣堵波。塔均置于塔座上,飞幡为饰。诸形象间的空间有铭文痕迹,上方右边: ...li...pu...pa...yu...ni。 102

围绕擦擦的方框中的铭文几乎无法识读: ji...ni va li ya valiya ta...na nu pa ha na,十二世纪的印度字体。在噶南(bka' nam)的一座称之为甘珠尔(bka' 'gyur)的小寺中的整个墙面均为此类擦擦所覆盖,乔玛(Csoma de Körös)曾在此寺驻留数年。

第 136 件。底克塞(Tikse)。图版 38.a。由八塔构成的框内——如上所述,塔的类型不同,象征八大支提——有十尊释迦牟尼小像。最顶端的比其他略大。释迦牟尼于莲花上呈金刚跏趺坐(vajraparyaṅka),左手施触地印(bhūmisparśa),右手施禅定印(dhyānamudrā)。仅有中央的佛陀左手托钵(piṇḍapātra, lhung bzed)。这也许表现的是舍卫城(Śrāvastī)大神变,但释迦牟尼应施转法轮印(dharmacakramudrā)。四周藏文转写的铭文几乎磨损殆尽: ha ha na sad...ma。

(三)古鲁和成就者

第 137 件。斯多克(Stok)。莲花生(Padmasambhava, pad ma 'byung gnas, gu ru rin po che)。大士于莲花上呈金刚跏趺坐(vajraparyaṅka),着朝服。右手持五股金刚杵(rdo rje rtse lnga)[1]、左手持天杖(kha taṃ ga, kha tvaṃ ga),天杖除上端三叉戟(triśūla)外,其他各部分都不太清楚。该怖畏天杖上自上而下串有三颗人头: 干人

---

[1] 梵文称为 pañcaśūlavajra。B. Bhattacharyya (edited by), *Guhyasamāja Tantra or Tathāgataguhyaka*, Baroda, Oriental Institute, 1931, p. 15.

头(thod pa skam)、半干半湿人头(thod pa rad pa, bgrad pa)、新鲜人
103 头(thod pa rlon pa)，下面是交杵金刚(viśvavajra, rdo rje rgya gram, sna tshogs rdo rje)，上系飘带(dar dpyangs)，翩翩飘扬。左手托着盛满鲜血或是其他东西、用于降魔仪式和修“断”(gcod)的颅器(kapāla)。饰有常见的耳饰(rna cha)，这是成就者(siddha)的普遍特征，他们开启了印藏大量的怛特罗经论，被视作印度影响深远的融合运动的创始者。至今兴盛于印度，并且与莲花生所属的教派有联系的牛护(Gorakṣa)和鱼主怙(Matsyendranātha)的学派叫穿耳派(Kāṇphāṭ)。莲花生头戴通人冠。

第138件。乌谷(Ugu)。莲花生。尽管擦擦稍有损蚀，但可以看出与前一件完全相同。

第139件。弥如(Miru)。图版38.b。莲花生。身形如上两件，四周有藏文转写的莲花生真言：oṃ vadzra gu ru pad ma si di hūṃ，即oṃ vajra guru [padma] siddhi[1] hūṃ。

第140件。巴高(Basgo)。图版39.a。宗喀巴。大师于莲台上呈金刚跏趺坐(vajraparyaṅka)，莲台置于宝座之上。双手施通常的转法轮印(dharmacakramudrā)，两边升起两朵莲花，右边莲花上置剑(khaḍga, ral gri)，左边莲花上置般若(prajñā)经函，这也是文殊(Mañjuśrī)的标识。头戴通人冠(paṇ chen zhva mo)。身有背光(prabhāmaṇḍala)。

宗喀巴的两边是这位伟大的宗教改革者的两大弟子，即右边为贾曹·达玛仁钦(rgyal tshab dar ma rin chen)、左边为克珠·格
104 勒贝桑(mkhas grub dge legs dpal bzang)[2]，均有背光。左手持经函，右手施思惟印(vitarkamudrā)。这三尊像除了代表新教派的形成之外，也纪念拉萨三大寺的建成。这三大寺是：宗喀巴建立的甘丹寺(dga' ldan)，贾曹杰建立的哲蚌寺('bras spungs)，克珠杰建立的色拉寺(se ra)[3]。

---

[1] 译者注：原书未记 padma。

[2] 译者注：原书写作 smra ba'i nyi ma dge legs dpal bzang。

[3] 译者注：原文如此，三大寺的建立者分别为：一、宗喀巴1409年建甘丹寺；二、绛央曲杰1416年建哲蚌寺；三、释迦意希1418年建色拉寺。

擦擦上部有日、月,下有盛满鲜花的花篮。宗喀巴身后云彩环绕。擦擦的样式受到了宗喀巴师徒三尊唐卡的启发。

第141件。底克塞(Tikse)。图版39.b。宗喀巴。坐于狮子座上的莲台之上,手印、姿势、标识如上,没有背光。两边站立的僧人施合十印(añjalimudrā)。

第142件。底克塞(Tikse)。宗喀巴。身形如上,但无狮子座(siṃhāsana)。两边站立的僧人双手合十(añjali)。上面,脸部右侧为: oṃ;左侧为: bla ma la namo,即: 唵! 顶礼喇嘛!

第143件。列城(Leh)。阿阇梨(ācārya)。上师施转法轮印(dharmacakramudrā),于莲花上呈金刚跏趺坐(vajraparyaṅka),头戴通人冠。后面两朵莲花升起于肩处。左边莲花上置铃(ghaṇṭā),右边置金刚杵。如我们所见,它们是金刚持(Vajradhara, rdo rje 'chang)的标识,但金刚持一般是双手交叉于胸前,左手持铃、右手持金刚杵。

该身像也许表现的是噶举派(bka' brgyud pa)的某位上师,因为
该派传承始于金刚持,但此处的帽子与常常作为噶举派图像学标志 105
的帽子不同,看来有矛盾。

不要忘记金刚杵和铃在怛特罗和藏传佛教的各种仪轨中都是必不可少的法器[1],因此,它们的出现不一定与金刚持及其传承的教派有关。

这个问题将在下一件擦擦中得以解决。

第144件。斯多克(Stok)。图版40.a,与上一件擦擦相似,但铃和金刚杵两个标识更加明显。两边的光环处有真言: oṃ ā hūṃ。像周围有铭文: vardza[2] shes rab bzang po la na mo,即: 顶礼金刚协饶桑布[3]!

---

[1] 右手持金刚杵(rdo rje),左手持铃(ghaṇṭā)。

[2] 显然是 vajra 的误写。

[3] 梵文是 Vajraprajñābhadra,白玛噶波(pad ma dkar po)说他是那若六法的讲解者。*jo bo nā ro pa'i khyad chos bsre 'pho'i khrid rdo rje'i theg par bgrod pa'i shing rta chen po*[那若巴特别教法和合往生法讲解·进入金刚乘之大车],第3叶正面。

关于此类型参见格伦威德尔(Grünwedel)[1]。

第145、146、147件。列城(Leh)。图版40.b。成就者(siddha)。瑜伽士似乎裸体，坐姿为半跏趺坐(ardhaparyaṅka)，即右腿屈曲以脚踵贴抵私处，左腿内收使该脚与右脚保持在同一水平线上。禅修带(yogapaṭṭa, sgom thag)——至今藏地瑜伽士仍然在使用，如其古代印度上师——清晰可见，其绑在颈部和膝处，或如该例中的腰部和膝处，以防止在此种困难姿势中双腿松动。当结束禅修时，可以把带子挎在肩上，噶举派(bka' brgyud pa)大禅师(sgom chen)的禅修带为淡红
106 色。右手托颅器(kapāla)，左手上扬，可能是期剋印(tarjanī)。瑜伽士如许多成就者一样，佩戴耳铛，另有项链，可能是骨饰(rus rgyan)，即由雕刻和加工的人骨制成的法饰，其至今在藏地瑜伽士中盛行。

在该成就者的肘部明显地看出有臂钏，他似乎坐在树荫下，虽然如此简化的浮雕不排除艺术家打算表现洞窟的可能。总之，在藏族图像学中，象征成就者和被称为大禅师的瑜伽士的隐修处通常是山洞——如米拉日巴(mi la ras pa)——或者是树下。左边有一净瓶(kalaśa)，从中伸出一朵大花，背景的左右有两朵莲花。该身像也许是底洛巴(Tilopā)或那若巴(Nāropā)，即两位印度上师，他们通过米拉日巴的古鲁(guru)、大译师玛尔巴(mar pa)而与噶举派(bka' brgyud pa)建立了传承关系。但擦擦确切的表现难以遽定，因为成就者的图像样式不确定，且常有明显的变化。例如，关于底洛巴，可参看格伦威德尔(Grünwedel)和埃文斯·温茨(Evans-Wentz)的著作[2]。同时，

---

[1] A. Grünwedel, *Obzor sobranija predmetov Lamajskago kul'ta kn È. È. Uhtomskago*, Sankt Petersburg, Imperatorkaja Akademija Nauk, 1905, part. II, pl. 19, n. 1. ngag dbang mchog ldan.

[2] A. Grünwedel, *Mythologie des Buddhismus*, pl. 30 [p. 39]; W. Y. Evans-Wentz, *Tibet's Great Yogī Milarepa. A Biography from the Tibetan being the Jetsün-Kahbum or Biographical History of Jetsün-Milarepa, According to the Late Lāma Kazi Dawa-Samdup's English Rendering*, London, Oxford University Press, 1928, pl. I [pp. XV–XVIII]; A. Grünwedel, *Der Weg nach Śambhala (Śambalai lam yig) des dritten Gross-Lama von bKra śis lhum po bLo bzaṅ dPal ldan Ye śes*, München, Verlag der Königlich Bayerischen Akademie der Wissenschaften, 1915, pl. 4 [pp. 48–49, 93–94].

我可以轻而易举地从本人收集的木刻版画中添加更多的实例[1]。

三、塔形擦擦

第148件。那果(Nako)。图版41。擦擦腰部以上分四排排列有一百零八座塔,自下而上:第一排三十二座、第二排三十座、第三排二十六座、第四排二十座。顶端还有八塔,尺寸稍大,是我们 107
在第一部分已经说明的八大支提。八种类型在一百零八塔中亦有规律地交叉排列。最顶端的塔可能是和合塔,因为它如我们研究的论书所述有八面。下面,环绕莲座(padmāsana)的莲瓣和第一排小塔之间环绕有藏文转写的缘起法颂:ye dharmā...以及 oṃ dza re ta sarva oṃ sthi te svāhā oṃ vajrā yu ṣe svāhā。为何有一百零八塔我们在前面已有说明。

第149件。列城(Leh)。图版42.a。擦擦腰部以上有一百零八座小塔,分四组呈三角形分布,每组四排——准确地说,第一排八座、第二排七座、第三排六座、第四排五座——共一百零四座,加上顶端四面各有一塔,最顶端还有一塔。无法辨别塔的类型是否相同。藏文转写的铭文是:a mun glang chen po dang nyer par trang a mu ye she rab dang nyer pār trang a mu khyung pa, phung pa ban nyer pār trang。我不明白这些字句的含义,可能是三个名字。

第150件。斯多克(Stok)。顶部大支提周围另有四座小塔,可能对应于菩提、多门、天降、和合四塔。下部有兰札体(lañja)铭文:ye dharmā...

第151件。塔波(ta pho)。与上件同,稍大。以古藏文转写的缘起法颂,也许后面还有已无法识读的陀罗尼。

第152件。斯多克(Stok)。与上件同,但中心塔由八支提环绕,

[1] 译者注:图齐在《梵天佛地》第四卷,第二册,第429页对此有进一步辨识:“该成就者可以比定为费卢波(Virūpā),他被视为萨迦派的世间本师(ādiguru)。”

108 其中可辨识出天降塔和多门塔。兰札体(lañja)铭文：ye dharmā...随后的陀罗尼无法识读。

第153、154、155件。嘉地(Gya)、姆拜(Mulbek)、邦吉(Pangi)。样式同上，无铭文。

四、苯教擦擦

第156件。列城(Leh)。图版42.b。苯教擦擦。神于莲花上呈金刚跏趺坐(vajraparyaṅka)，诸种严饰，头戴宝冠。双手施禅定印(dhyānamudrā)，掌中有净瓶(kumbha 或 kalaśa)，如常式无量寿佛。如果没有我将提及的标识，大家会不由自主地认为其表现的就是无量寿佛。神的两边有两朵花，右边显然是莲花，左边的我无法确定。莲花下可见左旋卍字符(svastikā)，而非通常佛教的右旋。至今在拉达克和藏地，对树、岩石和神殿——古老地祇(sa bdag)的寄所，并且通常是前佛教的、古代苯教的遗存——绕行礼拜的方向与佛教相反。因此，我们要小心此种卍字符的出现。擦擦边缘环绕神像的铭文证实我们的质疑是正确的。铭文写着：bsvo āoṃ sangs drung mu sa chung(?) dang g.yung drung ga bu a ... tshe rna(?) za gu ra ya sangs drung mu m...(?)

显然，这个陀罗尼没有任何佛教含义。据目前研究状况尚不能断定擦擦上表现的是苯教诸神中的哪一尊，但可以肯定，上面抄写的咒语具有苯教的含义。

109 我已经考证调查了搜集到的三部苯教仪轨手册(pūjāpraṇālī)，但其中没查到与此陀罗尼吻合者。正如佛教，苯教的每一组神都有专门的陀罗尼，这三部文献不可能包罗苯教的所有仪轨。

但这些文献的陀罗尼中保存着与此件擦擦上的铭文相同的词语。首先，许多苯教咒语的第一音节为 bsvo 和我转写的 āom（有 ā 和下写的 h，上是 o 符号加上明点 bindu），代替苯教仪轨中从不使用的佛典中单一的 oṃ。关于其他的单词：雍仲(g.yung drung)是卍字符常用的名称，同时也是“苯教”的同义词；drung mu 是苯教仪轨论典 *phyag len ltar gsang sngags spyi spungs 'gro lugs zin ris kha* skong［如轨密咒总集规则记录补遗］所描述的仪式中念诵的众多咒语中的一词。例如：āom drung mu slas zi ’du khrom ta ya khron ta ya svāhā等[1]，以及 *zhi ba kun bzang rgyal ba ’dus pa’i bsgrub gzhung*［寂静衮桑杰瓦都巴成就法］中经常发现的 se tsu drung mu’i sku。

该擦擦表现的神可能是桑仲姆(sangs drung mu)，但是关于他尚无法给出更多的信息。

---

〔1〕 第2叶背面第12行。

附　录

（一）关于塔的藏文文献

藏　文

［善逝身像量度论·如意宝］[1]

………………………ལྷ་ལས་བབས་པའི་མཆོད་རྟེན་ནི།།

ཟས་གཙང་རྒྱལ་པོས་གྲོང་ཁྱེར་སེར་སྐྱར་བཞེངས།།

མ་ག་ཧྣ་རུ་རྒྱལ་པོ་མ་སྐྱེས་དགྲས།།

བྱང་ཆུབ་ཆེན་པོའི་མཆོད་རྟེན་བརྩིགས་སོ་ལོ།།

གྲོང་ཁྱེར་ཙྪ[2]་མཆོག་ཏུ་ནི་གྱུད་རྣམས་ཀྱིས།།

ཆོ[3]་འཕྲུལ་ཆེན་པོའི་མཆོད་རྟེན་བརྩིགས་ཞེས་གྲགས།།

ཡ་ར་ཀྲྀ་སེར་མི་དབང་ཚངས་བྱིན་གྱིས།།

དགའ་ལྡན་ཆོས་ཀྱི་འཁོར་ལོའི་མཆོད་རྟེན་བརྩིགས།།

ཡངས་པ་ཅན་དུ་ལི་ཙ་བྱི་གཞོན་ནུས།།

ཀ་ནི་ཀ་ཡི[4]་མཆོད་རྟེན་བརྩིགས་ཞེས་ཟེར།།

---

〔1〕 བདེ་བར་གཤེགས་པའི་སྐུ་གཟུགས་ཀྱི་ཚད་ཀྱི་རབ་ཏུ་བྱེད་པ་ཡིད་བཞིན་ནོར་བུ། ［善逝身像量度论·如意宝］,第28叶正面,第5行。

〔2〕 译者注：据图齐转写,应为 ཛྫ,今从。

〔3〕 译者注：图齐认作 ཚོ 。

〔4〕 译者注：图齐遗漏了 ཡི 。

མཉན་ཡོད་ཡུལ〔1〕་དུ་རྒྱལ་ཆེན་གསལ་རྒྱལ་གྱིས།།
རྒྱལ་བའི་མཆོད་རྟེན་བཀྲ་ཤིས་སྒོ་མང་བརྩིགས།།
ཚད་གེར་ཆོས་རྒྱལ་ཤུདྡྷི〔2〕་ད་ལ་ཡིས།།
དཔལ་འོད་ཅན་གྱི་མཆོད་རྟེན་བརྩིགས་སོ་སྐད།།
ཏེ་ཀ་ཙ་ཤིར་མཆོད་རྟེན་པདྨ〔3〕་ཅན།།
ས་ཆེན་སྐྱོང་བ་ཨིནྡྲ་ལྷ་མིས་བཞེངས།།

……………………………………………………

དེ་ལ་བྱང་ཆུབ་ཆེན་པོའི་མཆོད་རྟེན་ནི།།
ཆེ་ཆུང་ཅི〔4〕་འདོད་ཏོག་ནས་དགེ་བཅུའི་བར།།
བཅུ་གཉིས་ཆ་རུ་རྣམ་པར་དབྱེ་བ་དག།
ཆ་ཆེན་ཡིན་ཏེ་དེ་དག་རེ་རེ་ཡང་།།
ཆ་བཞིར་བགོས་པ་ཆ་ཆུང་ཞེས་སྐད་དོ།།
དེ་ནས་དགེ་བཅུའི་རྨང་ལ་ཆ་ཆུང་གཅིག།
བང་རིམ་བཞི་པོ་ཆ་ཆུང་གཉིས་གཉིས་ཏེ།།
དེ་སྟེང་བུམ་རྟེན་ལ་ནི་ཆ་ཆུང་གཅིག།
བུམ་པའི་དཔངས་ལ་ཆ་ཆེན་གསུམ་དང་ནི།།
ཆ་ཆུང་གཅིག་གི་ སུམ་ཆར་བུ་སྟོན་བཞེད།།
བྲེ་སྟན་ཆ་ཆུང་གཅིག་སྟེ་བྲེ་ཡི་དཔངས།།
ཆ་ཆུང་གཅིག་དང་གཅིག་གི་སུམ་གཉིས་ཡིན།།

---

〔1〕 译者注：图齐遗漏了 ཡུལ。
〔2〕 译者注：图齐认作 ཤུ་དྡྷི。
〔3〕 译者注：图齐认作 པད་མ。
〔4〕 译者注：图齐遗漏了 ཅི。

གདུགས་འདེགས་པདྨའི[1]་དཔངས་སུ་ཆ་ཆུང་གཅིག།
ཆོས་འཁོར་བཅུ་གསུམ་དཔངས་སུ་ཆ་ཆེན་བཞི།།
ཐུགས་རྗེ་མདོ་གཟུང[2]་དཔངས་སུ་ཆ་ཆུང་གཅིག
གདུགས་དང་གདུགས་ཁེབས་ཆ་ཆུང་ཕྱེད་ཕྱེད་ཡིན།།
དེ་སྟེང་ཟླ་བ་ཆ་ཆུང་གཅིག་ཡིན་ཏེ།།
ཉི་མའི་དཀྱིལ་འཁོར་ཆ་ཆུང་གཉིས་སུ་བཤད།།
ཏོག་གི་དཔངས་ནི་ཆ་ཆུང་གཅིག་ཡིན་ཏེ།།
དེས་ནི་སྲིད་ཀྱི་ཚད་ཀྱང་རྫོགས་པར་འགྱུར།།
དེ་ནས་རྒྱུར་ནི་ཚངས་ཐིག་གཡས་གཡོན་དུ།།
དགེ་བཅུ་ཕྱེད་བཅས་ཆ་ཆུང་བཅུ་གཉིས་རེ།།
བསྐོམས་པས་ཆ་ཆུང་ཉི་ཤུ་རྩ་ལྔའོ།།
བང་རིམ་དང་པོ་ལ་ནི་གཡས་གཡོན་དུ།།
ཆ་ཕྲན་རེ་རེ་བསྐོམས་པས་ཆ་ཆེན་དྲུག
བང་རིམ་ལྷག་མ་གསུམ་རྒྱུར་གཡས་གཡོན་དུ།།
ཆ་ཆུང་རེ་རེ་རིམ་བཞིན་ཕྲི་བར་བྱ།།
དེ་སྟེང་བུམ་སྟེང[3]་རྒྱུར་ནི་གཡས་གཡོན་དུ།།
ཆ་ཆུང་ཕྱེད་དགུ་བསྐོམས་པས་བཅུ་བདུན་ནོ།།
བུམ་པའི་རྩ་བའི་རྒྱུར་ནི་གཡས་གཡོན་དུ།།
ཆ་ཆེན་གཉིས་གཉིས་ཡིན་ཏེ་ཡར་འཕེལ་བས།།

---

〔1〕 译者注：图齐认作 པད་མའི 。

〔2〕 译者注：图齐改为 གཟུངས，今从。

〔3〕 译者注：图齐改为 རྟེན，并注明刻本为 སྟེང 。

སྟོད་ཀྱི་ཆ་ཚུང་དགུ་པའི་ཐད་ཀྱི་རྒྱུར།།
གཡས་གཡོན་བསྒོམས་ལ་ཆ་ཚུང་བཅུ་ཐྲག[1]་སྟེ།།
དེ་ལྟག་ཐུམ་སྟོད་ཆ་ཚུང་གཉིས་དང་ནི།།
ཆ་ཚུང་གཅིག་གི་སུམ་ཅར་བཅས་པའི་དཔངས།།
བགས་ཀྱིས་ཟླུམ་པས་རྩ་བའི་རྒྱུ་དང་མཉམ།།
དེ་སྟེང་བྲེ་སྟན་རྒྱུ་ལ་གཡས་གཡོན་དུ།།
ཆ་ཚུང་གཉིས་ལས་བཅུ་ཆ་དོར་བས་དགུ།།
བྲེ་ལ་སྒྲོགས་རེར་ཆ་ཚུང་གཉིས་གཉིས་དང་།།
བཞི་ཆ་རེ་རེ་བསྒོམས་པ་བྲེ་ཡི་རྒྱུ།།
ཆ་ཆེན་གཅིག་དང་ཆ་ཕྲན་ཕྱེད་ཡིན་ནོ།།
དེ་ལྟར་བང་རིམ་དང་པོའི་རྒྱུ་ཁྱོན་དང་།།
བང་རིམ་དེ་ནས་བྲེ་རྩེ་མན་ཆད་མཉམ།།
ཆ་ཆེན་དྲུག་སྟེ་ཆ་ཚུང་ཉེར་བཞི་སྟེ།།
དེ་ལ་མཆོད་རྟེན་ཚུ་ཞེང་གབ་ཅེས་བྱ།།
བང་རིམ་བཞི་པའི་ཤར་དང་ལྷོ་ངོས་ལ།།
གསལ་ཁྱུང་བང་རིམ་དེ་ཡི་བརྒྱུད་ཆ་བྱ།།
སྒྲོག་ཤིང་བང་རིམ་བཞི་པར་ཟུག་པའོ།།
གདུགས་འདེགས་པདྨའི[2]་རྩ་བར་ཆ་ཚུང་གཉིས།།
སྟེང[3]་རྒྱུ་གཡས་གཡོན་ཆ་ཚུང་གཉིས་གཉིས་སོ།།

〔1〕 译者注：图齐改为 བརྒྱད，并注明刻本为 ཐྲག。
〔2〕 译者注：图齐认作 པད་མའི 。
〔3〕 译者注：图齐改为 སྟན，并注明刻本为 སྟེང 。

འཁོར་ལོ་དང་པོའི་རྒྱ་ལ་གཡས་གཡོན་དུ།།
ཆ་ཚུང་ཕྱེད་དང་གསུམ་སྟེ་དྲིལ་བས་ལྔ།།
གདུགས་དང་པོའི་རྒྱར་ཆ་ཚུང་གསུམ་གསུམ་སྟེ།།
བསྡོམས་པས་དྲུག་ཡིན་ཟླུམ་བསྐོར་བཅོ་བརྒྱད་དོ།།
འཁོར་ལོ་བཅུ་གསུམ་པ་ནི་གཡས་གཡོན་དུ།།
ཆ་ཚུང་གཅིག་གི་བཞི་གསུམ་བཞི་གསུམ་སྟེ།།
དྲིལ་བས་ཐད་ཀར་ཆ་ཚུང་ཕྱེད་དང་གཉིས།།
མཐའ་སྐོར་དུ་ནི་ཆ་ཚུང་ཕྱེད་དང་ལྔ།།
དེ་གཉིས་བར་གྱི་འཁོར་ལོ་བཅུ་གཅིག་གོ
རིམ་གྱིས་ཇེ་ཕྲ་ཇེ་ཕྲར་གྱུར་པ་སྟེ།།
བཅུ་གསུམ་གདུགས་ཀྱི་རྩེ་མོའི་གཡས་གཡོན་གྱི།།
ཕྱེད་ཕྱེད་མཚམས་ནས་ཐིག་གིས་ལེགས་དྲངས་པ།།
འཁོར་ལོ་དང་པོའི་རྩེར་འཐེན་འཁོར་བའི་རྒྱ།།
གདུགས་དང་པོ་ནས་ཐིག་གྲངས་བཅུ་གསུམ་པའི།།
རྩེར་འཐེན་པ་དེ་བཅུ་གསུམ་གདུགས་རྒྱའི་ཚད།།
དེ་སྟེང་ཐུགས་རྗེའི་མདོ་གཟུང[1]་རྩ་བའི་རྒྱ།།
འཁོར་ལོ་བཅུ་གསུམ་པ་དང་མཉམ་པ་ལ་།།
སྨད་དུ་བཞི་གསུམ་དཔངས་ནི་འཛམ་པོ་ཉིད།།
ཙུང[2]་ཟད་གཡེལ་བའི་སྟོད་དུ་བཞི་ཆ་གཅིག།
ཨུཏྤལ་འདབ་འདྲའི་ སུལ་ནི་བཅུ་དྲུག་ཟུ།།
གདུགས་རྒྱ་འཁོར་ལོ་བདུན་པ་དང་མཉམ་པ།།

---

〔1〕 译者注：图齐改为 གཟུངས，今从。

〔2〕 译者注：图齐认作 ཚུང 。

གདུགས་ཁེབས་འཁོར་ལོ་དྲུག་པའི་རྒྱ་དང་མཉམ།།
ཟ་ར་ཚགས་ཀྱི་དཔངས་དང་བྲེ་དཔངས་མཉམ།།
ཟླ་བའི་རྩེ་གཉིས་བགྲད་པ་གདུགས་དང་མཉམ།།
ཉི་མ་ཆ་ཆུང་གཅིག་གིས་ཟླུམ་པོར་བསྐོར།།
ཧོག་རྒྱ་གཡས་གཡོན་ཆ་ཕྲན་ཕྱེད་ཕྱེད་དོ།།
ཉི་ཟླ་ཧོག་གི་ཟུར་ལ་བྱ་བསྲུང་ཕྱིར།།
ལྕུགས་ཐུར་རྣོན་པོ་མང་པོ་གཟེར་པ་བཤད།།
ཧོག་ནི་སེར་པོ་ཉི་མ་དམར་པོ་སྟེ།།
ཟླ་བ་རབ་དཀར་གདུགས་ཁེབས་དཀར་པོའོ།།
གདུགས་ནི་སྔོན་པོ་ཡིན་ཏེ་དེའི་ཕྱོགས་བཞིར།།
རིགས་བཞིའི་ཕྱག་རྒྱ[1]·ལེགས་པར་འདྲི[2]·བར་བཤད།།
ཐུགས་རྗེའི་སྲུལ་ནི་ཁ་དོག་དམར་པོ་སྟེ།།
ཐུགས་རྗེ་ཉིད་དང་ཤེས་བཅུ་སེར་པོའོ།།
སྲོག་ཤིང་དམར་པོ་མཆོད་རྟེན་དཀར་པོའོ།།
དགེ་བཅུ་སེར་པོ་རྨང་དང་རྨང་རྟེན་ནི།།
ལྡིང་གུར་ལྷན་ཅིག་སྐྱེས་པའི་རོལ་པ་བཞིན།།
རྒྱལ་བའི་མཆོད་རྟེན་མཚུངས་མེད་དེ་འདྲ་དང་།།
ལྷ་བཅས་བླ་མ་ལ་འོས་སེང་གེའི་ཁྲི།།
ཇི་ལྟར་བཤམ་པའི་ཚུལ་ཡང་འདིར་སྨྲས[3]·བ།།
སྐུ་ལ་མཐོ་གང་བཞིར་ཕྱེ་ཆ་ཆུང་བྱ།།

---

〔1〕 译者注：图齐遗漏了 རྒྱ。

〔2〕 译者注：图齐据俱生游戏文本中的 ཕྱག་རྒྱ་བྲིའོ 改为 འབྲི，并注明刻本为 འདྲི。

〔3〕 译者注：图齐认作 སྨྲ。

དེ་ནས་ས་འཛིན་དཔངས་སུ་ཆ་ཆུང་གསུམ།།
ཐེམ་སྐས་གསུམ་ལ་ཆ་ཆུང་རེ་རེ་བྱ།།
གདོང་ཆེན་ལ་ནི་ཆ་ཆེན་ཕྱེད་དང་གཉིས།།
གཟུང་སྣེ་དང་ནི་བད་ཆུང་ཆ་ཕྲན་རེ།།
བ་གམ་ལ་ནི་ཆ་ཆུང་གཉིས་བྱ་སྟེ།།
སྨང་རྟེན་མཐོ་བ་བཟང་ལ་རྒྱ་ཚད་ནི།།
ས་འཛིན་གཡས་གཡོན་ཆ་ཆུང་ཉེར་གཅིག་སྟེ།།
ཐེམ་སྐས་གསུམ་ལ་མས་རིམ་གཡས་གཡོན་དུ།།
ཆ་ཆུང་བཅུ་དགུ་བཅུ་བདུན་བཅོ་ལྔར་བཤད།།
གདོང་ཆེན་མཚོ་ལ་ཆ་ཆུང་བཅུ་གསུམ་རེ།།
བ་གམ་གསུམ་ལ་མས་རིམ་གཡས་གཡོན་དུ།།
ཆ་ཆུང་བཅུ་བཞི་བཅོ་ལྔ་བཅུ་དྲུག་གོ
འདི་དག་གདན་ཁྲིའི་ཚད་ཡིན་དེ་ཡི་ཕྱིར།།
མཆོད་རྟེན་རྣམས་དང་རྒྱལ་བའི་སྐུ་གཟུགས་ཀྱི།།
ཐིག་ཁོངས་སུ་ནི་བརྩི་བར་མི་བྱའོ།།
ད་ནི་ཐིག་ཆེན་འདི་ཉིད་གཞིར་བྱས་ནས།།
མཆོད་རྟེན་བདུན་གྱི་རྣམ་དབྱེ་མདོ་ཙམ་བཤད།།
དེ་ཡང་བང་རིམ་བཞི་པོ་གསུམ་དུ་སྦྲེལ།།
གསུམ་ག་དགེ་བཅུ་དང་བཅས[1]་ལྷུམ་པོར་བྱ།།
དེ་ལ་རྣམ་རྒྱལ་མཆོད་རྟེན་ཞེས་གྲགས་ཏེ།།
ལྷག་མ་ཐམས་ཅད་སྔར་བཞིན་ཤེས་པར་བྱ།།

〔1〕 译者注：图齐遗漏了 བཅས。

པདྨ[1]་སྤུངས་པ་ཞེས་བྱའི་མཆོད་རྟེན་ནི།།
བང་རིམ་བཞི་ཟླུམ་པད་རིས་བྲིས་པའོ།།
དཔལ་ལྡན་བཀྲ་ཤིས་སྒོ་མང་མཆོད་རྟེན་ནི།།
བང་རིམ་གྲུ་བཞིའི་སྲུམ་ཆ་འབུར་དོད་བྱ།།
སྒོ་མང་མང་ཉུང་ཅི་འདོད་བྱ་བར་སྣང་།།
ལ་ལ་སྒོ་མང་གླྀ་འབུར་མེད་པའང་འདོད།།
ལྷ་བབས་མཆོད་རྟེན་བང་རིམ་གྲུ་བཞི་བའི།།
རང་རང་སུམ་ཆ་དབུས་སུ་འབུར་འདོད་ཀྱང་།།
དེ་སྟེང་སྐས་གསུམ་བསྒྲིགས་ནས་བཙུགས་པའོ།།
འདི་ཡི་སྐས་གསུམ་ཕུད་དེ་གཞན་འདྲ་བ།།
དེ་ལ་ཚོ[2]་འཕྲུལ་ཆེན་པོའི་མཆོད་རྟེན་ལོ།།
མྱང་འདས་མཆོད་རྟེན་བང་རིམ་བཞི་མེད་པ།།
དགེ་བཙུའི་སྟེང་དུ་བུམ་རྟེན་བཞག་པའོ།།
དགེ་འདུན་དབྱེན་བསྒྲུམས་ཞེས་བྱའི་མཆོད་རྟེན་ནི།།
མཆོད་རྟེན་བྱང་ཆུབ་ཆེན་པོའི་བང་རིམ་བཞིའི།།
ཟུར་བཞི་བཅད་དེ་ངོས་བརྒྱད་མཉམ་པར་བྱ།།
ཀུན་ཀྱང་ལྷག་མ་བཤད་ཟིན་ལས་ཤེས་བྱ།།
རྒྱལ་བའི་མཆོད་རྟེན་དེ་དག་གང་བཞེང་ཡང་།།
ས་འཛིན་ཟུར་བཞིར་རྫ་རིང་བཞི་བྱ་སྟེ།།
རེ་རེའང་ཞེང་ལ་ཆ་ཆུང་གཉིས་གཉིས་དང་།།

---

〔1〕 译者注：图齐认作 པད་མ。
〔2〕 译者注：图齐认作 ཚོ 。

དཀྱུས་ལ་ཆ་ཆེན་གཉིས་བྱ་དེ་སྟེང་དུ།།
རྫོ་སེང་ཁ་ཕྱིར་བལྟས་པའི་མགུལ་པ་ལ།།
གདུགས་འོག་ནས་དྲངས་མི་ཏོག་འཕྲེང་བ་བཏགས།།
ས་འཛིན་ཕྱོགས་བཞིར་ཐེམ་སྐས་བཞི་བྱའོ།།
གདུགས་དང་རྒྱལ་མཚན་བ་དན་ལ་སོགས་དང་།།
གསེར་དྲིལ་གཡེར་ཁའི་དྲ་བ་ཀུན་ཏུ་བཀྲམ།།

[白琉璃论・除疑答问][1]

…དང་པོ་སྐུ་བལྟམས་པའི་ཆེ་གཏེར་ལྷ་བརྒྱ་སོགས་དགེ་མཚན་དུ་མ་བྱུང་བས་བཀྲ་ཤིས་འབྱུང་བའམ་ཞབས་ཀྱིས་གོམ་པ་བདུན་བོར་བར་པདྨ་བྱུང་བ་སོགས་དང་འབྲེལ་བར་པད་སྤུངས་དབྱིབས་ཟླུམ་པོ་པདྨའི་རྣམ་པ་ཅན་བང་རིམ་བཞི་པའམ་བདུན་བརྒྱད་དུའང་བཤད་པ་པདྨ་དང་འཁོར་ཡོས་སྤྲས[2]་པ། སེར་སྐྱར་ལུམྦིའི་ཚལ་དུ་ཟས་གཙང་སོགས་ཀྱིས་བཞེངས་པའི་པད་སྤུངས་མཆོད་རྟེན། གཉིས་པ་རྒྱལ་པོའི་ཁབ་ཏུ་མངོན་པར་བྱང་ཆུབ་པའི་དུས་དབྱིབས་གྲུ་བཞི་བང་རིམ་བཞི་པ་གཟུགས་ཅན་སྙིང་པོ་སོགས་ཀྱིས་བཞེངས་པའི་བྱང་ཆུབ་ཆེན་མཆོད་རྟེན། གསུམ་པ་ཝ་ར་ཎཱ་སིར་ཆོས་འཁོར[3]་བསྐོར་བའི་ཆེ་གྲུ་བཞི་བང་རིམ་བཞི་པ་སྒོ་འབུར་དང་བཅས་པ་སྒོ་རབ་བརྒྱ་རྩ་བརྒྱད། འབྲིང་ང་དྲུག[4]། ཐམ་བཅུ་དྲུག་པར་ཡོངས་གྲགས་བཞེད་ཀྱང་ཕྱོགས་རེར་སྒོ་བཞིར་བྱེད་པ་བདེན་པ་བཞི། བརྒྱད་རེ་བྱེད་པ་རྣམ་ཐར་བརྒྱད། བཅུ་གཉིས་སུ་བྱེད་པ་རྟེན་འབྲེལ་བཅུ་གཉིས། བཅུ་དྲུག་ཏུ་བྱེད་པ་སྟོང་ཉིད་བཅུ་དྲུག་མཚོན་པ་ལྔ་སྡེ་བཟང་པོས་བཞེངས་པའི་བཀྲ་ཤིས་སྒོ་མང་མཆོད་

[1] བཻཌཱུརྱ་དཀར་པོ་གཡའ་སེལ། [白琉璃论・除疑答问],第 290 叶背面,第 6 行。
[2] 译者注: 图齐认作 གྲས。
[3] 译者注: 图齐认作 ཁོར。
[4] 译者注: 刻本于此不清楚,图齐转写为 ལྔ་དྲུག。

རྟེན། བཞི་པ་མཉན་ཡོད་དུ་ཆོ[1]་འཕྲུལ་བསྟན་པའི་ཆོ་གྲུ་བཞི་བང་རིམ་བཞི་པ་ཕྱོགས་རེར་གློ་འབུར་དང་བཅས་པ་ལི་ཙ་བྱི་སོགས་ཀྱིས་ཇོ་ཏའི་ཚལ་དུ་བཞེངས་པའི་མུ་སྟེགས་ཕམ་བྱེད་དམ་ཆོ[2]་འཕྲུལ་མཆོད་རྟེན། ལྔ་པ་གནས་ཡངས[3]་པ་ཅན་གསལ་ལྡན་དུ་ལྷའི་དབྱར་གནས་མཛད་ཡུམ་ལ་ཆོས་གསུངས། སྔ་དྲོ་དགེ་གང་བྱེ[4]་མཛད། ཕྱི་དྲོ་ནམ་མཁའ་ལས་བབས་ནས་ཕེབས་དུས་བང་རིམ་བཞི་པའམ་བརྒྱད་པ་ངོས་རེར་གློ་འབུར་དང་བཅས་པའི་གློ་འབུར་གྱི་དབུས་ན་ཐེམ་སྐས་ཡོད་པ་གསལ་ལྡན་པ་དང་དད་པ་ཅན་རྣམས་ཀྱིས་བཞེངས་པའི་ལྷ་བབས་སམ། ཡང་ན་སུམ་ཅུ་རྩ་གསུམ་ལྷའི་མཆོད་རྟེན་དུ་གྲགས་པའོ། དྲུག་པ་རྒྱལ་པོའི་ཁབ་ཏུ། ལྷས་བྱིན་གྱིས་དགེ་འདུན་དབྱེན་བྱས་པ་མཆོག་ཟུང་གིས་བསྡུམས་པའི་དུས་བང་རིམ་བཞི་པ་གྲུ་བཞི་ཟུར་བཞི་མཉམ་པར་བཅད་པའོ། རྒྱལ་བྱེད་སོགས་མ་གདྷ་པས་བཞེངས་པའི་འོད་ཟེར་ཅན་ནམ་བྱམས་ངོས་ཀྱང་ཞེས་དབྱེན་བསྡུམས་མཆོད་རྟེན། བདུན་པ་ཡངས་པ་ཅན་དུ་སྐུ་ཚེ་ཟླ་བ་གསུམ་བྱིན་གྱིས་བརླབས་པའི་ཚེ་ཟླུམ་པོ་བང་རིམ་གསུམ་པ་དེའི་གྲོང་ཁྱེར་པ་རྣམས་ཀྱིས་བཞེངས་པའམ་ཡང་ན་འགའ་ཞིག་ཏུ་ལྷས་བརྩིགས་པར་བཞེད་པའི་བྱིན་བརླབས་སམ་རྣམ་རྒྱལ་མཆོད་རྟེན། བརྒྱད་པ་རྩ་མཆོག་གི་གྲོང་དུ་མྱ་ངན་ལས་འདས་པའི་ཚེ་བང་རིམ་མེད་པ་གདན་ཁྲིའི་སྟེང་དུ་བུམ་རྟེན་ཡན་ཆད་བཞུགས་པ་རྩ་ཅན་གྱི་གྱད་རྣམས་ཀྱིས་བརྩིགས་པའི་མྱང[5]་འདས་མཆོད་རྟེན། དེ་ལས་སྐུ་གདུང་ཆ་བརྒྱད་དུ་བགོས་པའི་མཆོད་རྟེན་ཆེན་པོ་བརྒྱད་རྫས་ཆོག་པའི་མཆོད་རྟེན། མ་ཆོག་པའི་མཆོད་རྟེན། སོལ་བའི་མཆོད་རྟེན་ཞེས་ཅུ་གཅིག

…དེ་ཡན་བཅུ་གཉིས་སུ་བྱེ་བ་ཆ་ཆེན། དེ་རེར་བཞིར་བྱེ་བ་ཆ་ཆུང་གི་ཐ་སྙད་བྱས་ལ་དགེ་བཅུ་ལ་ཆ་ཆུང་གཅིག། བང་རིམ་བཞི་ལ་བད་ཆུང་ཆ་ཆུང་ཕྱེད་དེ་ཁོངས་སུ་གཏོགས་པའི་རེར་ཆ་ཆུང་གཉིས་གཉིས་དང་བུམ་རྟེན་པདྨ་ཅན་ལ་ཆ་ཆུང་གཅིག་བུམ་དཔངས་ཆ་ཆེན་གསུམ་དང་ཆ་ཆུང་གཅིག་དང་

---

〔1〕 译者注：图齐认作 ཚོཾ。

〔2〕 译者注：图齐误认为 ཚོཾ。

〔3〕 译者注：图齐误认为 ལངས。

〔4〕 译者注：据其他校本，དགེ་གང་བྱེ 应为 དགག་དབྱེ。

〔5〕 译者注：图齐误认为 མྱ་ངན。

གཅིག་གི་སུམ་ཆ་གཅིག་བྲེ་གདན་གྱི་སྨང་ལ་ཆ་ཆུང་གཅིག་གི་སུམ་ཆ་གཅིག་དང་ཛོ་བོ་སུམ་ཆ་གཉིས་ཏེ་དྲིལ་བས་ཆ་ཆུང་གཅིག་བྲེ་ལ་ཆ་ཆུང་གཅིག་དང་གཅིག་གི་སུམ་གཉིས། གདུགས་འདེགས་པའི་པདྨའི[1]་དཔངས་ལ་ཆ་ཆུང་གཅིག ཆོས་འཁོར་གདུགས་ཀྱི་དཔངས་རེར་ཆ་ཆུང་རེ་དང་དེའི་བཅུ་གསུམ་ཆ་རེ། དེ་ལ་སུམ་ཆར་ཕྱེ་བའི་ཆ་གཉིས་གདུགས་སམ་ཕོ་འཁོར་དང་། སུམ་ཆ་གཅིག་ལ་མོ་འཁོར་ཁྱོན་དཔངས་སུ་ཆ་ཆེན་གསུམ་དང་ཆ་ཆུང་གཉིས། ཐུགས་རྗེ་མདོ་གཟུངས་དཔངས་སུ་ཆ་ཆུང་གཅིག གདུགས་ཆ་ཆུང་ཕྱེད་དང་གདུགས་ཁེབས་ཆ་ཆུང[2]་ཕྱེད་གཉིས་ཡིན། དེ་སྟེང་ཟླ་བ་ལ་ཆ་ཆུང་གཅིག་དང་། ཉི་མའི་དཀྱིལ་འཁོར་ཆ་ཆུང་གཉིས། ཏོག[3]་ལ་ཆ་ཆུང་གཅིག ཞེང་དུ་ཚངས་ཐིག་ནས་གཡས་གཡོན་དུ་དགེ་བཅུ་ཆ་ཆུང་བཅུ་བཞིར་བསྒོམས་པས་ཆ་ཆུང་ཉི་ཤུ་རྩ་བརྒྱད། བང་རིམ་དང་པོ་ནི་གཡས་གཡོན་དུ་ཆ་ཕྲན་བཅུ་གསུམ་རེ་བསྒོམས་པས་ཆ་ཆུང་ཉི་ཤུ་རྩ་དྲུག བང་རིམ་ལྷག་མ་གསུམ་རྒྱར་གཡས་གཡོན་དུ་ཆ་ཆུང་རེ་རེ་རིམ་བཞིན་ཆུང་བང་རིམ་བཞི་གའི་བད་ཆུང་རྣམས་ཆ་ཆུང་གི་བཞི་ཆ་རེ་ཐོལ་ལ་འདོན། དེ་སྟེང་བུམ་རྟེན་རྒྱར་གཡས་གཡོན་དུ་ཆ་ཆུང་དགུ་རེ་རེ་བསྒོམས་པས་བཅོ་བརྒྱད། བུམ་པའི་རྩ་བའི་རྒྱར་གཡས་གཡོན་དུ་ཆ་ཆུང་བརྒྱད་རེ་དེ་ནས་ཡར་རྗེ་འཕེལ་གི་སྟེང་ཆ་བརྒྱད་པ་ནས་བཅུ་པའི་བར་ཐད་ཀྱི་རྒྱར་གཡས་གཡོན་བསྒོམས་པས་ཆ་ཆུང་ཉི་ཤུ་རྩ་གཅིག དེ་ལྷག་བུམ་སྟོད་ཆ་ཆུང་གསུམ་དང་སུམ་ཆ་གཅིག་བཅས་པའི་དཔངས་རིམ་གྱིས་ཟླུམ་པས་རྩ་བའི་རྒྱ་དང་རྩེ་མཉམ་པ། དེ་ལྟར་བང་རིམ་དང་པོའི་རྒྱ་ཁྱོན་དང་བང་རིམ་དེའི་མས་དེ་ནས་གདུགས་འདེགས་ཀྱི་ཡས་མན་ཆད་མཉམ་སྟེ། ཆ་ཆེན་དྲུག་ཆ་ཆུང་གཉིས། ནང་ཁོང་སང་གི་དབང་བཏང་ན་བང་རིམ་བཞི་པའི་ཕྱོགས་ཤར་དང་ལྷོ་ངོས་ལ་མུན་བ་བསལ་བྱའི་གསལ་ཁུང་ནི་བང་རིམ་དེ་ཡི་བརྒྱད་ཆ་བྱ། སྒོག་ཤིང་བང་རིམ་བཞི་པར་ཟུག་པ་འཐད། བྲེ་སྟན་སྨང་ལ་རྩ་ཐིག་ནས་ཕྱོགས་རེར་ཆ་ཆུང་གཉིས་དང་བཅུ་ཆ་དགུ་དེ་སྟེང་བྲེ་སྟན་ལ་ཆ་ཆུང་གཉིས་བྲེ་ལ་རྩ་ཐིག་ནས་ཕྱོགས་རེར་ཆ

〔1〕 译者注：图齐认作 པད་མའི。

〔2〕 译者注：图齐认作 ཅུང。

〔3〕 译者注：图齐认作 ཐོག。

ཆུང་གཉིས་དང་གཅིག་གི་སུམ་ཆ་གཉིས་རེ། གདུགས་འདེགས་པདྨའི[1]་རྩ་བར་ཆ་ཆུང་ཕྱེད་གཉིས་སྟེང་གི་རྒྱ་གཡས་གཡོན་ཆ་ཆུང་གཉིས་གཉིས་འཁོར་ལོ་དང་པོའི་རྒྱ་ལ་གཡས་གཡོན་དུ་ཆ་ཆུང་ཕྱེད་དང་གསུམ་སྟེ་བསྐྱིལ་བས་ལྔ། གདུགས་དང[2]་པོའི་རྒྱ་ལ་ཆ་ཆུང་གཉིས་དང་སུམ་ཆ་གཉིས་ཏེ་བསྡོམས་པས་ཆ་ཆུང་ལྔ་དང་སུམ་ཆ་གཅིག། འཁོར་ལོ་བཅུ་གསུམ་པ་གཡས་གཡོན་དུ་ཆ་ཆུང་ཕྱེད་དང་ཆ་ཆུང་གི་བརྒྱད་ཆ་གཅིག། བསྐྱིལ་བས་ཐད་ཀར[3]་ཆ་ཆུང་གཅིག་དང་བཞི་ཆ་གཅིག། མཐའ་སྐོར་དུ་ཆ་ཆུང་གསུམ་དང་བཞི་ཆ་གསུམ། དེ་གཉིས་བར་གྱི་འཁོར་ལོ་བཅུ་གཅིག་པོ་རིམ་གྱིས་ཇེ་ཕྲར་གྱུར་པ་དེ་ཡང་འཁོར་ལོ་བཅུ་གསུམ་པའི་ཡས་མཐའ་ནས་དང་པོའི་མས་མཐར་ཐིག་སྐུད་བཟུང་བའི་ཐིག་བཏབ་པས་རྟོགས། རྩེ་མོའི་གདུགས་ཚངས་ཐིག་གི་གཡས་གཡོན་དུ་ཆ་ཆུང་གཅིག་གི་སུམ་ཆ་གཉིས་རེ་གདུགས་བཅུ་གསུམ་པའི་སྟེང་ཚད་དེ་ནས་གདུགས་དང་པོའི་མས་མཐར[4]་སྟེ་བཟུང་ཐིག་བཏང་བས་གདུགས་གཞན་རྣམས་ཀྱི་ཚད་རྟོགས། དེ་སྟེང་ཐུགས་རྗེ་མདོ་གཟུངས་རྩ་བའི་རྒྱ་འཁོར་ལོ་བཅུ་གསུམ་པ་དང་མཉམ། དཔངས་ནི་འཛོམ་པ་ཉིད་ཙུང་ཟད་གཡེལ་བའི་སྟེང་རྩ་ཐིག་ནས་ཆ་ཕྲན་རེ་སུ་ལ་བཅུ་དྲུག་གཏུགས་ཀྱི་རྒྱ་ཚངས་ཐིག་གི་གཡས་གཡོན་དུ་ཆ་ཕྲན་ཕྱེད་གཉིས་དང་བརྒྱད་ཆ་གསུམ། གདུགས་ཁེབས་ཀྱི་རྩ་བ་ཚངས་ཐིག་ནས་གཡས་གཡོན་དུ་ཆ་ཕྲན་ཕྱེད་དོ་དང[5]་བཞི་ཆ་གཅིག། རྩེ་མོ་རྒྱ་ཚངས་ཐིག་ནས་གཡས་གཡོན་དུ་ཆ་ཕྲན་གཉིས་རེ་ཟ་ར་ཚགས་དཔངས་ལ་ཆ་ཕྲན་ཕྱེད་གསུམ་ལས་ཞེང་ཚངས་ཐིག་ནས་གཡས་གཡོན་ཆ་ཕྲན་གསུམ་རེ་སྟོད་གདུགས་དང་མཉམ། ཟླ་བའི་རྩེ་གཉིས་བསྣྲད་པ་ཚངས་ཐིག་ནས་ཆ་ཕྲན་གཉིས་རེ། རྩ་བ་དཔངས་ནང་འདྲ་བ་ཆ་ཕྲན་རེ། ཉི་མ་ཚངས་ཚིག་ནས་གཡས་གཡོན་སྟེང་འོག་ཏུ་ཆ་ཆུང་གཅིག་གིས་ཟླུམ་པོར་བསྐོར། ཧོག་གི་རྒྱ་གཡོས་གཡོན་དུ་ཆ་ཕྲན་ཕྱེད་ཕྱེད། ཉི་ཟླ་དང་ཧོག་གི་ཟུར་ལ་ས་ལ་སོགས་པའི་

---

〔1〕 译者注：图齐认作 པད་མའི。

〔2〕 译者注：图齐认作 གདང。

〔3〕 译者注：图齐认作 ཐ་དཀར。

〔4〕 译者注：图齐认作 མཐའ。

〔5〕 译者注：刻本不清楚，图齐漏写 དོ་དང。

དུས[1]་བྱ་བསྒྲུང་བའི་ལྷུགས་ཀྱི་ཐུར་མ་རྣོན་པོ་མང་པོ་གཟེར། མདོག་ཧོག་སེར་པོ་ཉི་མ་དམར་པོ།། ཟླ་བ་དང་གདུགས་ཁེབས་རྣམས་དཀར་པོ།། གདུགས་སྔོན་པོ།། དེའི་ཕྱོགས་བཞིར་རང་རང་རིགས་བཞི་ཕྱུག་རྒྱུའང་འདྲི[2]་བར་བཤད། ཐུགས་རྗེའི་སྤྲུལ་གྱི་ཁ་དོག་དམར་པོ་ཐུགས་རྗེ་སེར་པོ་ཆོས་འཁོར་གྱི་ཕོ་འཁོར་སེར་པོ། མོ་འཁོར་དང་སྒྲོག་ཤིང་དམར་པོ་མཆོད་རྟེན་དཀར་པོ། གདུགས་འདེགས་སྔོན་པོ་དགེ་བཅུ་སེར་པོ་ས་འཛིན་ལྗང་གུ། ཐེམ་སྐས་གསུམ་མས་ནས་དམར་སྔོ་སེར་སེང་ཁྲི་དཀར་པོ་གཟུང་སྣེ་སྔོན་པོ་བད་ཆུང་དམར་པོ་བད་ཆེན་ལྗང་གུར་བྱ། དེ་ནས་ས་འཛིན་གྱི་དཔངས་སུ་ཆ་ཆུང་གསུམ་ཐེམ་སྐས་གསུམ་ལ་ཆ་ཆུང་རེ་རེ། གདོང་ཆེན་ལ་ཆ་ཆེན་གཅིག་དང་ཆ་ཆུང་གཉིས་གཟུང་སྣེ་དང་བད་ཆུང་ལ་ཆ་ཕྲན་རེ། བད་ཆེན་ལ་ཆ་ཆུང་གཉིས། ཞེང་ས་འཛིན་གཡས་གཡོན་དུ་ཆ་ཆུང་ཕྱེད་བཅས་བཅུ་དགུ་རེ་དང་ཐེམ་སྐས་དང་པོར་གཡས་གཡོན་དུ་ཕྱེད་བཅས་བཅུ་བདུན། གཉིས་པའི་གཡས་གཡོན་དུ་བཅུ་དྲུག། གསུམ་པའི་གཡས་གཡོན་དུ་ཕྱེད་བཅས་བཅུ་བཞིར་བཤད་གདོང་ཆེན་གྱི་གཡས་གཡོན་དུ་ཆ་ཆུང་བཅུ་གསུམ་རེ། གཟུང་སྣེ་བད་ཆུང་བད་ཆེན་གསུམ་ལ་མས་རིམ་གཡས་གཡོན་དུ་ཆ་ཆུང་བཅུ་བཞི་བཅོ་ལྔ་བཅུ་དྲུག་...

转　写

［善逝身像量度论・如意宝］[3]

. . . lha las babs pa'i mchod rten ni/
zas gtsang rgyal pos grong khyer ser skyar bzhengs// *1*
ma ga dha ru rgyal po ma skyes dgras/
byang chub chen po'i mchod rten brtsigs so lo// *2*

---

〔1〕 译者注：刻本不清楚，图齐漏写 ལས་ལ་སོགས་པའི་དུས。

〔2〕 译者注：图齐改为 འབྲི，并注明刻本为 འདྲི。

〔3〕 *bde bar gshegs pa'i sku gzugs kyi tshad kyi rab tu byed pa yid bzhin nor bu* ［善逝身像量度论・如意宝］，第 28 叶正面，第 5 行。

grong khyer tsva[1] mchog tu ni gyad rnams kyis/
cho[2] 'phrul chen po'i mchod rten brtsigs zhes grags// 3
va ra ṇā sir mi dbang tshangs byin gyis/
dga' ldan chos kyi 'khor lo'i mchod rten brtsigs// 4
yangs pa can du li tsa vī gzhon nus/
ka ni ka yi[3] mchod rten brtsigs zhes zer// 5
mnyan yod yul[4] du rgyal chen gsal rgyal gyis/
rgyal ba'i mchod rten bkra shis sgo mang brtsigs// 6
tshad ger chos rgyal shuntsi[5] da la yis/
dpal 'od can gyi mchod rten brtsigs so skad// 7
ti ka tsa shir mchod rten padma[6] can/
sa chen skyong ba indra va mis bzhengs// 8
……………………………………………
de la byang chub chen po'i mchod rten ni/
che chung ci[7] 'dod tog nas dge bcu'i bar// 9
bcu gnyis cha ru rnam par dbye ba dag/
cha chen yin te de dag re re yang// 10
cha bzhir bgos pa cha chung zhes skad do/
de nas dge bcu'i rmang la cha chung gcig// 11
bang rim bzhi po cha chung gnyis gnyis te/
de steng bum rten la ni cha chung gcig// 12
bum pa'i dpangs la cha chen gsum dang ni/
cha chung gcig gi sum char bu ston bzhed// 13
bre stan cha chung gcig ste bre yi dpangs/

---

[1] 译者注：图齐转写为 rtsva，今从。
[2] 译者注：图齐转写为 tsho。
[3] 译者注：图齐遗漏了 yi。
[4] 译者注：图齐遗漏了 yul。
[5] 译者注：图齐转写为 shu nci。
[6] 译者注：图齐转写为 pad ma。
[7] 译者注：图齐遗漏了 ci。

cha chung gcig dang gcig gi sum gnyis yin// 14
gdugs 'degs padma'i[1] dpangs su cha chung gcig/
chos 'khor bcu gsum dpangs su cha chen bzhi// 15
thugs rje mdo gzung[2] dpangs su cha chung gcig/
gdugs dang gdugs khebs cha chung phyed phyed yin// 16
de steng zla ba cha chung gcig yin te/
nyi ma'i dkyil 'khor cha chung gnyis su bshad// 17
tog gi dpangs ni cha chung gcig yin te/
des ni srid kyi tshad kyang rtogs par 'gyur// 18
de nas rgyar ni tshangs thig g.yas g.yon du/
dge bcu phyed bcas cha chung bcu gnyis re// 19
bsdoms pas cha chung nyi shu rtsa lnga'o/
bang rim dang po la ni g.yas g.yon du// 20
cha phran re re bsdoms pas cha chen drug/
bang rim lhag ma gsum rgyar g.yas g.yon du// 21
cha chung re re rim bzhin bri bar bya/
de steng bum steng[3] rgyar ni g.yas g.yon du// 22
cha chung phyed dgu bsdoms pas bcu bdun no/
bum pa'i rtsa ba'i rgyar ni g.yas g.yon du// 23
cha chen gnyis gnyis yin te yar 'phel bas/
stod kyi cha chung dgu pa'i thad kyi rgyar// 24
g.yas g.yon bsdoms la cha chung bcu phrag[4] ste/
de lhag bum stod cha chung gnyis dang ni// 25
cha chung gcig gi sum car bcas pa'i dpangs/
bags kyis zlum pas rtsa ba'i rgya dang mnyam// 26
de steng bre stan rgya la g.yas g.yon du/
cha chung gnyis las bcu cha dor bas dgu// 27

[1] 译者注：图齐转写为 pad ma'i。
[2] 译者注：图齐改为 gzungs，今从。
[3] 译者注：图齐改为 rten，并注明刻本为 steng。
[4] 译者注：图齐改为 brgyad，并注明刻本为 phrag。

bre la phyogs rer cha chung gnyis gnyis dang/
bzhi cha re re bsdoms pa bre yi rgya// 28
cha chen gcig dang cha phran phyed yin no/
de ltar bang rim dang po'i rgya khyon dang// 29
bang rim de nas bre rtse man chad mnyam/
cha chen drug ste cha chung nyer bzhi ste// 30
de la mchod rten chu zheng gab ces bya/
bang rim bzhi pa'i shar dang lho ngos la// 31
gsal khung bang rim de yi brgyad cha bya/
srog shing bang rim bzhi par zug pa'o// 32
gdugs 'degs padma'i[1] rtsa bar cha chung gnyis/
steng[2] rgya g.yas g.yon cha chung gnyis gnyis so// 33
'khor lo dang po'i rgya la g.yas g.yon du/
cha chung phyed dang gsum ste dril bas lnga// 34
gdugs dang po'i rgyar cha chung gsum gsum ste/
bsdoms pas drug yin zlum bskor bco brgyad do// 35
'khor lo bcu gsum pa ni g.yas g.yon du/
cha chung gcig gi bzhi gsum bzhi gsum ste// 36
dril bas thad kar cha chung phyed dang gnyis/
mtha' skor du ni cha chung phyed dang lnga// 37
de gnyis bar gyi 'khor lo bcu gcig go/
rim gyis je phra je phrar gyur pa ste// 38
bcu gsum gdugs kyi rtse mo'i g.yas g.yon gyi/
phyed phyed mtshams nas thig gis legs drangs pa// 39
'khor lo dang po'i rtser 'then 'khor ba'i rgya/
gdugs dang po nas thig grangs bcu gsum pa'i// 40
rtser 'then pa de bcu gsum gdugs rgya'i tshad/

[1] 译者注：图齐转写为 pad ma'i。
[2] 译者注：图齐改为 stan，并注明刻本为 steng。

de steng thugs rje'i mdo gzung[1] rtsa ba'i rgya// 41
'khor lo bcu gsum pa dang mnyam pa la/
smad du bzhi gsum dpangs ni 'jam po nyid// 42
cung[2] zad g.yel ba'i stod du bzhi cha gcig/
u tpal 'dab 'dra'i sul ni bcu drug bya// 43
gdugs rgya 'khor lo bdun pa dang mnyam pa/
gdugs khebs 'khor lo drug pa'i rgya dang mnyam// 44
za ra tshags kyi dpangs dang bre dpangs mnyam/
zla ba'i rtse gnyis bgrad pa gdugs dang mnyam// 45
nyi ma cha chung gcig gis zlum por bskor/
tog rgya g.yas g.yon cha phran phyed phyed do// 46
nyi zla tog gi zur la bya bsrung phyir/
lcags thur rnon po mang po gzer pa bshad// 47
tog ni ser po nyi ma dmar po ste/
zla ba rab dkar gdugs khebs dkar po'o// 48
gdugs ni sngon po yin te de'i phyogs bzhir/
rigs bzhi'i phyag rgya[3] legs par 'dri[4] bar bshad// 49
thugs rje'i sul ni kha dog dmar po ste/
thugs rje nyid dang shes bcu ser po'o// 50
srog shing dmar po mchod rten dkar po'o/
dge bcu ser po rmang dang rmang rten ni// 51
ljang gur lhan cig skyes pa'i rol pa bzhed/
rgyal ba'i mchod rten mtshungs med de 'dra dang// 52
lha bcas bla ma la 'os seng ge'i khri/
ji ltar bsham pa'i tshul yang 'dir smras[5] ba// 53

---

〔1〕 译者注：图齐改为 gzungs，今从。
〔2〕 译者注：图齐转写为 chung。
〔3〕 译者注：图齐遗漏了 rgya。
〔4〕 译者注：图齐据俱生游戏文本中的 phyag rgya bri'o 改为 'bri，并注明刻本为 'dri。
〔5〕 译者注：图齐转写为 smra。

sku la mtho gang bzhir phye cha chung bya/
de nas sa 'dzin dpangs su cha chung gsum// *54*
them skas gsum la cha chung re re bya/
gdong chen la ni cha chen phyed dang gnyis// *55*
gzung sne dang ni bad chung cha phran re/
ba gam la ni cha chung gnyis bya ste// *56*
rmang rten mtho ba bzang la rgya tshad ni/
sa 'dzin g.yas g.yon cha chung nyer gcig ste// *57*
them skas gsum la mas rim g.yas g.yon du/
cha chung bcu dgu bcu bdun bco lngar bshad// *58*
gdong chen mtsho la cha chung bcu gsum re/
ba gam gsum la mas rim g.yas g.yon du// *59*
cha chung bcu bzhi bco lnga bcu drug go/
'di dag gdan khri'i tshad yin de yi phyir// *60*
mchod rten rnams dang rgyal ba'i sku gzugs kyi/
thig khongs su ni brtsi bar mi bya'o// *61*
da ni thig chen 'di nyid gzhir byas nas/
mchod rten bdun gyi rnam dbye mdo tsham bshad// *62*
de yang bang rim bzhi po gsum du sbrel/
gsum ga dge bcu dang bcas[1] zlum por bya// *63*
de la rnam rgyal mchod rten zhes grags te/
lhag ma thams cad sngar bzhin shes par bya// *64*
padma[2] spungs pa zhes bya'i mchod rten ni/
bang rim bzhi zlum pad ris bris pa'o// *65*
dpal ldan bkra shis sgo mang mchod rten ni/
bang rim gru bzhi'i sum cha 'bur dod bya// *66*
sgo mang mang nyung ci 'dod bya bar snang/
la la sgo mang glo 'bur med pa'ang 'dod// *67*

[1] 译者注：图齐遗漏了 bcas。
[2] 译者注：图齐转写为 pad ma。

lha babs mchod rten bang rim gru bzhi ba'i/
rang rang sum cha dbus su 'bur 'dod kyang// 68
de steng skas gsum bsgrigs nas btsugs pa'o/
'di yi skas gsum phud de gzhan 'dra ba// 69
de la cho[1] 'phrul chen po'i mchod rten lo/
myang 'das mchod rten bang rim bzhi med pa// 70
dge bcu'i steng du bum rten bzhag pa'o/
dge 'dun dbyen bzlums zhes bya'i mchod rten ni// 71
mchod rten byang chub chen po'i bang rim bzhi'i/
zur bzhi bcad de ngos brgyad mnyam par bya// 72
kun kyang lhag ma bshad zin las shes bya/
rgyal ba'i mchod rten de dag gang bzheng yang// 73
sa 'dzin zur bzhir rdo ring bzhi bya ste/
re re'ang zheng la cha chung gnyis gnyis dang// 74
dkyus la cha chen gnyis bya de steng du/
rdo seng kha phyir bltas pa'i mgul pa la// 75
gdugs 'og nas drangs me tog 'phreng ba btags/
sa 'dzin phyogs bzhir them skas bzhi bya'o// 76
gdugs dang rgyal mtshan ba dan la sogs dang/
gser dril g.yer kha'i dra ba kun tu bkram// 77

[白琉璃论·除疑答问][2]

dang po sku bltams pa'i tshe gter lnga brgya sogs dge mtshan du ma byung bas bkra shis 'byung ba'm zhabs kyis gom pa bdun bor bar padma byung ba sogs dang 'brel bar pad spungs dbyibs zlum po padma'i rnam pa can bang rim bzhi pa'm bdun brgyad du'ang bshad pa

---

[1] 译者注：图齐转写为 tsho。

[2] *vaiḍūrya dkar po g.ya' sel* [白琉璃论·除疑答问]，第 290 叶背面，第 6 行。

padma dang 'khor los spras[1] pa/ ser skyar lu mbi'i tshal du zas gtsang sogs kyis bzhengs pa'i pad spungs mchod rten/ gnyis pa rgyal po'i khab tu mngon par byang chub pa'i dus dbyibs gru bzhi bang rim bzhi pa gzugs can snying po sogs kyis bzhengs pa'i byang chub chen mchod rten/ gsum pa va ra ṇā sir chos 'khor[2] bskor ba'i tshe gru bzhi bang rim bzhi pa glo 'bur dang bcas pa sgo rab brgya rtsa brgyad/ 'bring nga drug[3]/ tha ma bcu drug par yongs grags bzhed kyang phyogs rer sgo bzhir byed pa bden pa bzhi/ brgyad re byed pa rnam thar brgyad/ bcu gnyis su byed pa rten 'brel bcu gnyis/ bcu drug tu byed pa stong nyid bcu drug mtshon pa lnga sde bzang pos bzhengs pa'i bkra shis sgo mang mchod rten/ bzhi pa mnyan yod du cho[4] 'phrul bstan pa'i tshe gru bzhi bang rim bzhi pa phyogs rer glo 'bur dang bcas pa li ca byi sogs kyis dze ta'i tshal du bzhengs pa'i mu stegs pham byed dam cho[5] 'phrul mchod rten/ lnga pa gnas yangs[6] pa can gsal ldan du lha'i dbyar gnas mdzad yum la chos gsungs/ snga dro dge gang bye[7] mdzad/ phyi dro nam mkha' las babs nas phebs dus bang rim bzhi pa'm brgyad pa ngos rer glo 'bur dang bcas pa'i glo 'bur gyi dbus na them skas yod pa gsal ldan pa dad pa can rnams kyis bzhengs pa'i lha babs sam/ yang na sum cu rtsa gsum lha'i mchod rten du grags pa'o/ drug pa rgyal po'i khab tu / lhas byin gyis dge 'dun dbyen byas pa mchog zung gis bsdums pa'i dus bang rim bzhi pa gru bzhi zur bzhi mnyam par bcad pa'o/ rgyal byed sogs ma ga dha pas bzhengs pa'i 'od zer can nam byams ngos kyang zhes dbren bsdums mchod rten/ bdun pa yangs pa

［1］ 译者注：图齐转写为 gras。
［2］ 译者注：图齐转写为 khor。
［3］ 译者注：刻本于此不清楚，图齐转写为 lnga drug。
［4］ 译者注：图齐转写为 tsho。
［5］ 译者注：图齐转写为 tsho。
［6］ 译者注：图齐转写为 langs，刻本不清楚。
［7］ 译者注：据其他校本，dge gang bye 应为 dgag dbye。

can du sku tshe zla ba gsum byin gyis brlabs pa'i tshe zlum po bang rim gsum pa de'i grong khyer pa rnams kyis bzhengs pa'm yang na 'ga' zhig tu lhas brtsigs par bzhed pa'i byin brlabs sam rnam rgyal mchod rten/ brgyad pa rtsva mchog gi grong du mya ngan las 'das pa'i tshe bang rim med pa gdan khri'i steng du bum rten yan chad bzhugs pa rtsva can gyi gyad rnams kyis brtsigs pa'i myang[1] 'das mchod rten/ de las sku gdung cha brgyad du bgos pa'i mchod rten chen po brgyad rus tshig pa'i mchod rten/ ma tshig pa'i mchod rten/ sol ba'i mchod rten zhes cu gcig/

(... pad spungs/ 291 b2) de (sc. ba gam) yan bcu gnyis su bye ba cha chen/ de rer bzhir bye ba cha chung gi tha snyad byas la dge bcu la cha chung gcig/ bang rim bzhi la bad chung cha chung phyed de khongs su gtogs pa'i rer cha chung gnyis gnyis dang bum rten padma can la cha chung gcig bum dpangs cha chen gsum dang cha chung gcig dang gcig gi sum cha gcig bre gdan gyi rmang la cha chung gcig gi sum cha gcig dang ngo bo sum cha gnyis te dril bas cha chung gcig bre la cha chung gcig dang gcig gi sum gnyis/ gdugs 'degs pa'i padma'i[2] dpangs la cha chung gcig/ chos 'khor gdugs kyi dpangs rer cha chung re dang de'i bcu gsum cha re/ de la sum char phye ba'i cha gnyis gdugs sam pho 'khor dang/ sum cha gcig la mo 'khor khyon dpangs su cha chen gsum dang cha chung gnyis/ thugs rje mdo gzungs dpangs su cha chung gcig/ gdugs cha chung phyed dang gdugs khebs cha chung[3] phyed gnyis yin/ de steng zla ba la cha chung gcig dang/ nyi ma'i dkyil 'khor cha chung gnyis/ tog[4] la cha chung gcig/ zheng du tshangs thig nas g.yas g.yon du dge bcu cha chung bcu bzhir bsdoms pas cha chung nyi shu rtsa brgyad/ bang rim dang po ni g.yas g.yon

〔1〕 译者注：图齐转写为 mya ngan。
〔2〕 译者注：图齐转写为 pad ma'i。
〔3〕 译者注：图齐转写为 cung。
〔4〕 译者注：图齐转写为 thog。

du cha phran bcu gsum re bsdoms pas cha chung nyi shu rtsa drug/ bang rim lhag ma gsum rgyar g.yas g.yon du cha chung re re rim bzhin chung bang rim bzhi ga'i bad chung rnams cha chung gi bzhi cha re thol la 'don/ de steng bum rten rgyar g.yas g.yon du cha chung dgu re re bsdoms pas bco brgyad/ bum pa'i rtsa ba'i rgyar g.yas g.yon du cha chung brgyad re de nas yar je 'phel gi steng cha brgyad pa nas bcu pa'i bar thad kyi rgyar g.yas g.yon bsdoms pas cha chung nyi shu rtsa gcig/ de lhag bum stod cha chung gsum dang sum cha gcig bcas pa'i dpangs rim gyis zlum pas rtsa ba'i rgya dang rtse mnyam pa/ de ltar bang rim dang po'i rgya khyon dang bang rim de'i mas de nas gdugs 'degs kyi ras man chad mnyam ste/ cha chen drug cha chung gnyis/ nang khong sang gi dbang btang na bang rim bzhi pa'i phyogs shar dang lho ngos la mun ba bsal bya'i gsal khung ni bang rim de yi brgyad cha bya/ srog shing bang rim bzhi par zug pa 'thad/ bre stan rmang la rtsa thig nas phyogs rer cha chung gnyis dang bcu cha dgu de steng bre stan la cha chung gnyis bre la rtsa thig nas phyogs rer cha chung gnyis dang gcig gi sum cha gnyis re/ gdugs 'degs padma'i[1] rtsa bar cha chung phyed gnyis steng gi rgya g.yas g.yon cha chung gnyis gnyis 'khor lo dang po'i rgya la g.yas g.yon du cha chung phyed dang gsum ste bsgril bas lnga/ gdugs dang[2] po'i rgya la cha chung gnyis dang sum cha gnyis te bsdoms pas cha chung lnga dang sum cha gcig/ 'khor lo bcu gsum pa g.yas g.yon du cha chung phyed dang cha chung gi brgyad cha gcig/ bsgril bas thad kar[3] cha chung gcig dang bzhi cha gcig/ mtha' skor du cha chung gsum dang bzhi cha gsum/ de gnyis bar gyi 'khor lo bcu gcig po rim gyis je phrar gyur pa de yang 'khor lo bcu gsum pa'i yas mtha' nas dang po'i mas mthar thig skud bzung ba'i thig btab pas rtogs/ rtse

---

〔1〕 译者注：图齐转写为 pad ma'i。

〔2〕 译者注：图齐转写为 gdang。

〔3〕 译者注：图齐转写为 tha dkar。

mo'i gdugs tshangs thig gi g.yas g.yon du cha chung gcig gi sum cha gnyis re gdugs bcu gsum pa'i steng tshad de nas gdugs dang po'i mas mthar[1] ste bzung thig btang bas gdugs gzhan rnams kyi tshad rtogs/ de steng thugs rje mdo gzungs rtsa ba'i rgya 'khor lo bcu gsum pa dang mnyam/ dpangs ni 'dzom pa nyid cung zad g.yel ba'i steng rtsa thig nas cha phran re sul bcu drug gtugs kyi rgya tshangs thig gi g.yas g.yon du cha phran phyed gnyis dang brgyad cha gsum/ gdugs khebs kyi rtsa ba tshangs thig nas g.yas g.yon du cha phran phyed do dang[2] bzhi cha gcig/ rtse mo rgya tshangs thig nas g.yas g.yon du cha phran gnyis re za ra tshags dpangs la cha phran phyed gsum las zheng tshangs thig nas g.yas g.yon cha phran gsum re stod gdugs dang mnyam/ zla ba'i rtse gnyis bsgrad pa tshangs thig nas cha phran gnyis re/ rtsa ba dpangs nang 'dra ba cha phran re/ nyi ma tshangs tshig nas g.yas g.yon steng 'og tu cha chung gcig gis zlum por bskor/ tog gi rgya g.yos g.yon du cha phran phyed phyed/ nyi zla dang tog gi zur la sa la sogs pa'i dus[3] bya bsrung ba'i lcags kyi thur ma rnon po mang po gzer/ mdog tog ser po// nyi ma dmar po// zla ba dang gdugs khebs rnams dkar po// gdugs sngon po// de'i phyogs bzhir rang rang rigs bzhi phyag rgya'ang 'dri[4] bar bshad/ thugs rje'i sul gyi kha dog dmar po thugs rje ser po chos 'khor gyi pho 'khor ser po/ mo 'khor dang srog shing dmar po mchod rten dkar po/ gdugs 'degs sngon po dge bcu ser po sa 'dzin ljang gu/ them skas gsum mas nas dmar sngo ser seng khri dkar po gzung sne sngon po bad chung dmar po bad chen ljang gur bya/ de nas sa 'dzin gyi dpangs su cha chung gsum them skas gsum la cha chung re re/ gdong chen la cha chen gcig dang cha chung gnyis gzung sne dang bad chung la cha phran re/ bad chen la cha chung gnyis/ zheng sa 'dzin g.yas g.yon du cha chung phyed bcas bcu dgu re dang

---

〔1〕 译者注：图齐转写为 mtha'。

〔2〕 译者注：刻本不清楚，图齐漏写 do dang。

〔3〕 译者注：刻本不清楚，图齐漏写 la sa la sogs pa'i dus。

〔4〕 译者注：图齐改为 'bri，并注明刻本为 'dri。

them skas dang por g.yas g.yon du phyed bcas bcu bdun/ gnyis pa'i g.yas g.yon du bcu drug/ gsum pa'i g.yas g.yon du phyed bcas bcu bzhir bshad gdong chen gyi g.yan g.yon du cha chung bcu gsum re/ gzung sne bad chung bad chen gsum la mas rim g.yas g.yon du cha chung bcu bzhi bco lnga bcu drug/

译　文

［善逝身像量度论·如意宝］

1. 天降塔由净饭王	建于迦毗罗卫城
2. 大菩提塔摩揭陀[1]	阿阇世王所建立
3. 拘尸那揭神变塔	传闻诸末罗所建
4. 波罗奈斯梵授王[2]	建立具喜法轮塔
5. 吠舍离城离车子	迦腻迦塔其所建
6. 胜者吉祥多门塔	舍卫波斯匿王建
7. 测给询集达拉王[3]	建立吉祥具光塔
8. 底噶迦西莲形塔	护持大地天主建[4]
9. 大小菩提窣堵波	从宝珠至十善间
10. 分为十二之部分	是为大分一一又
11. 分为四部称小分	十善基为一小分
12. 四阶基各两小分	此上瓶座一小分
13. 三个大分再加上	三分之一之小分

---

〔1〕根据俱生游戏(Sahajavilāsa)的文本：yul ma ga dha dbul 'gyur tshal du，即给孤独长者(Anāthapiṇḍada)的林园。

〔2〕等同于迦毗罗卫(Kapilavastu)国王梵授(Brahmadatta, ser skya'i rgyal po tshangs byin)。

〔3〕Śuncidala，等同于持欲多罗王(rgyal po 'dun 'dzin ta las)，持欲('dun 'dzin)对应于梵文 rucidhara，在这种情况下，多罗(ta la)可以被看作 dhara 的转写，其在藏文中常常用持('dzin)来翻译。

〔4〕底噶迦西：ti ka ca ṣi(译者注：刻本中为 ti ka tsa shi)，天主：Indrasvāmin(文本中为 Indravāmi)。

此为瓶高布顿说
14. 八山之座一小分　　八山高度为一又
三分之二之小分
15. 撑伞莲高一小分　　十三法轮四大分
16. 悲顶高度一小分　　伞伞盖各半小分
17. 此上新月一小分　　日之圆轮两小分
18. 宝珠高度一小分　　由是亦证纵量度
19. 阔于梵线之左右　　十善为十二小分
加上小分之一半
20. 总为二十五小分　　第一阶基之左右
21. 各分总为六大分　　余三阶基阔左右
22. 逐次减少一小分　　此上瓶座阔左右
八个小分又一半
23. 总为一十七小分　　瓶底之阔为左右
24. 二二大分向上增　　上部左右九小分
25. 总为十八之小分　　剩余瓶之上部分
高为小分二加上
26. 三分之一之小分　　渐次浑圆与底等
27. 此上八山座阔为　　左右两小分再加
十分之九之小分
28. 八山每面为二又　　四分之一之小分
八山之阔总合为
29. 一大分又半小分　　如是第一之阶基
30. 阔量等于从此阶　　直至八山顶之量
总括而为六大分　　或者二十四小分
31. 如此建造之佛塔　　六合平整此其谓
第四阶基东南面
32. 明龛此阶之八分　　托木插于第四阶
33. 撑伞莲底两小分　　座阔左右两小分
34. 第一相轮阔左右　　二小分加半小分
总括而为五小分

35. 第一伞阔小分三	总括而为六小分
伞之圆周为十八[1]	
36. 第十三轮之左右	一小分之四取三
37. 总括直径一小分	再加一小分之半
其圆周为四小分	再加一小分之半
38. 此二之间十一轮	次第渐次而变小[2]
39. 十三轮顶之左右	一半之边引直线
40. 直至第一相轮顶	由此而得相轮阔[3]
由第一伞引直线	引至十三伞之顶
41. 伞之阔量由此得	此上悲顶底之阔
42. 同于第十三相轮	下部高度为小分
分为四分取其三	下部平正而上部
43. 逐渐缩小为小分	分为四分取其一
如青莲瓣十六褶[4]	
44. 伞阔等于第七轮	伞盖阔同第六轮
45. 滴水高与八山等[5]	新月两端与伞等[6]

---

〔1〕这里给出的圆周率等于3($\pi=3$)，但这并不意味着这样的等式为藏族数学家所承认，海伦(Heron of Alexandria)在其建筑微积分学中，也认为圆周率等于3，这只是为了简便。但是汉人和印度人都知道圆周率更准确的大约值，因此，我们可以合理地认为从这两种文化中获益甚多的藏人不会不知道这个大约值。

〔2〕注意第十三个相轮的宽度没有给出，尽管为了确定其他相轮的比例，知道此宽度是必需的。

〔3〕必须这样释读而代替文本中的伞。

〔4〕正如可以从 *vaiḍūrya dkar po g.ya' sel*［白琉璃论·除疑答问］中推论的，此处暗示"褶子"如同莲瓣一样，仅仅是一部分盖着另一部分，下面是光滑的。

〔5〕辞典中没有"滴水"(za ra tshags)这个词，可能是 zar。zar bu 加上 tshags，zar bu 意思是"流苏、穗头"，tshags 意思是"网、笼、兜"。在确定塔各部分的高度时没有提及此物，由此可以认定它是一种外部的配件。从我所见的实例中可以判断它完全对应于插图 1. b 中以穿孔金属所做的边框。译者注：《藏汉大辞典》收有 za ra tshags 这个词，并将其解释为"屋檐滴水槽"(chu 'gro sa'i wa kha)，参见张怡荪主编，《藏汉大辞典》，北京：民族出版社，1993 年，第 2444 页。

〔6〕译者注：图齐的译文说新月的两端与第六个伞相等。

46. 日轮半径一小分　　宝珠左右半小分
47. 日月宝珠之侧面　　为防飞鸟而插入
众多锋利之铁签〔1〕
48. 宝珠黄色日红色　　新月极白伞盖白
49. 伞为青色其四面　　善绘四种姓之印〔2〕
50. 悲顶之褶为红色　　悲顶十智为黄色〔3〕
51. 托木红色塔为白　　十善颜色为黄色
座基基座为绿色
52. 此为俱生游戏说　　如此无等胜者塔
53. 以及诸天与喇嘛　　适合此等狮子座
如何布置亦叙说
54. 身像一卡分为四　　此之一分称小分
55. 基座高度三小分　　三阶各高一小分
大面大分一又半
56. 流苏叠涩一小分〔4〕　　方边高度两小分〔5〕
57. 座基高而为善妙　　若谈阔量基座为
左右小分二十一
58. 三层阶梯之左右　　由下次第为小分
十九十七及十五
59. 大面湖十三小分〔6〕　　三层叠涩之左右
由下次第为小分
60. 十四十五及十六　　由于此等为座量
61. 诸塔及胜者影像　　线量之中未予计

---

〔1〕译者注：汉文文献中一般称为“拒鹊叉子”。

〔2〕即四大本尊，每个对应一个方位：宝生佛（Ratnasambhava）= 南方，无量光佛（Amitābha）= 西方，不空成就佛（Amoghasiddhi）= 北方，不动佛（Akṣobhya）= 东方。

〔3〕这可能指的是滴水。

〔4〕译者注：汉文文献中将这两部分统一称为叠涩。

〔5〕译者注：藏文称之为 ba gam。

〔6〕包括座顶与基础之间的表面。
译者注：图齐原注如此。

62.	以此量度为基准	略叙七塔之分别
63.	四层阶基合为三	三具十善为圆状
64.	此等称为尊胜塔	剩余一切如前晓
65.	所谓莲聚之佛塔	四圆阶基绘莲华
66.	具瑞吉祥多门塔 三分之一有凸出	阶基成为正方形
67.	门之多寡随意作	一些多门亦无凸
68.	正方阶基天降塔 均向中间而凸出	各个三分之一处
69.	此上三梯安而建	去除三梯余一样
70.	此为大神变佛塔	涅槃塔无四阶基
71.	十善之上安瓶座	和合僧团之佛塔
72.	大菩提塔四阶基	切去四角八面等
73.	余等从前说而知	建立任何胜者塔
74.	座基四角立四柱	每柱宽度两小分
75.	长两大分其上有	朝外而视之石狮
76.	从伞底部牵引之 座基四面四阶梯	花鬘系于石狮颈
77.	安置伞幢飞幡等	状如椒口之金铃

［白琉璃论・除疑答问］

……第一为莲聚塔，此为（佛陀）诞生之时由净饭王等建立于迦毗罗卫城蓝毗尼园。（其生之时），五百宝藏等诸多善相涌现，是为祥瑞。或，与（其）七步而涌莲相联系，称为莲聚。（塔）圆形，具莲状，阶基或四，或七，或八，并排布装饰莲花和法轮。

第二为大菩提塔，此为现证菩提时由频婆娑罗王等建立于王舍城。（塔）四方形，有四级阶基。

第三为吉祥多门塔，此为初转法轮时，由五跋陀罗建立于波罗奈斯[1]。其形四方,为四阶基,向外凸出。门多者一百零八道,中者五十六道,少者十六道。每面四门者,象征四圣谛;八门者,象征八解脱;十二门者,象征十二因缘;十六门者,象征十六空性[2]。

第四为胜外道塔或神变塔,此为示现神变时,由离车子等建立于舍卫城胜林苑。(塔)四方形,有四阶基,每面向外凸出[3]。

第五为天降塔或三十三天塔。(佛陀)于(三十三)天中行夏安居(时)为母说法,上午解制[4],下午从天而降临之时,由桑迦尸之信徒等建立于桑迦尸国。(塔)的阶基为四或八,每面向外凸出,外凸的中央有阶梯[5]。

第六为具光塔,也称为慈心塔或和合塔。提婆达多离间僧团,二胜进行和解时[6],由祇陀太子等摩揭陀人建于王舍城。(塔)有四阶基,四方形的四角被均匀切分[7]。

第七为加持塔或尊胜塔。(佛陀为延长)三月寿量而加持时[8],由吠舍离城居民所建,也有人说是神所建。(塔)圆形,三阶基。

第八为涅槃塔。(佛陀)于拘尸那揭罗城示现涅槃时,由该城诸末罗所建。(塔)无阶基,宝座上安置瓶座。

此外有八分舍利之八大佛塔、骨焦塔、末焦塔、木炭塔,总共有十一佛塔[9]。

---

〔1〕 Pañcabhadravargīya, 在小乘和巴利文资料中,他们以五群(pañcavaggiya)而著称。
译者注:即五比丘,是佛陀成道后,初转法轮所度化之五位比丘。

〔2〕 关于这些象征,参看上文。

〔3〕 H. Kern, *Manual of Indian Buddhism*, Strassburg, Verlag von Karl J. Trübner, 1896, p. 33; A. Foucher, *L'Art gréco-bouddhique*, p. 534; A. Foucher, "Le 'grand miracle' du Buddha à Çrāvastī", *Journal Asiatique*, 13 [dixième série], 1909, pp. 5-78.

〔4〕 译者注:刻本此处为 dge gang bye mdzad(行一切善),据其他校本,应为 dgag dbye mdzad(解制)。

〔5〕 H. Kern, *Manual of Indian Buddhism*, p. 33.

〔6〕 译者注:二胜指舍利弗和目犍连。

〔7〕 H. Kern, *Manual of Indian Buddhism*, p. 39.

〔8〕 H. Kern, *Manual of Indian Buddhism*, p. 42.

〔9〕 十一佛塔的传统也出现在汉地,参见《佛教大辭典》的相关词条。望月信亨主编,《佛教大辭典》(七卷),东京:佛教大辞典发行所,1931—1937 年。

……（举例：莲聚塔）。此（指叠涩）上分为十二大分，每个又分成四份，得到“小分”之术语。十善为一小分。四阶基的叠涩[1]（每个）为半小分，每个阶基加上（叠涩）的高度为两小分。莲形瓶座高度为一小分。瓶高为三大分加一小分又三分之一小分。八山座之基为三分之一小分，八山座本身为三分之二小分，总和为一小分。八山高为一又三分之二小分。

撑伞之莲花高度为一小分。每个法轮伞高为一小分，总共有十三小分。每个小分分成三份，三分之二小分为伞或阳轮，三分之一为阴轮，总高为三大分两小分。

悲顶高一小分。伞高半小分，伞盖高一又半小分。此上新月为一小分，日轮为两小分。宝珠高度一小分。

关于阔量，从梵线的左右十善有十四小分，总为二十八小分。

第一阶基左右为十三小分，总为二十六小分。剩余三阶基阔为左右次第减少一小分，四阶基的叠涩每个向外凸出四分之一小分。

此上瓶座阔为左右各九小分，总为十八小分。瓶底阔为左右各八小分，由此逐渐向上增至第八和第十小分，线的左右合计为二十一小分。此外，瓶上部的高度为三又三分之一小分，渐次浑圆，（直至）底部阔与顶部相等。如此第一阶基的阔量等于从该阶基到伞的距离，即六大分二小分。为了内部空间的开光[2]，在第四阶基的东面和南面挖一除暗的明龛，（阔量）应为该阶基的八分之一。

托木插在第四阶基。八山座之基从基线到每面为二又十分之九小分，此上之八山座为两小分，八山从基线到每面为二又三分之二小分。撑伞莲底为一又二分之一小分，上部阔为左右两小分。第一个相轮阔为左右二又二分之一小分，总和为五小分。第一个伞阔为二又三分之二小分，总和为五又三分之一小分。第十三个相轮阔为左右二分之一小分加上八分之一小分，总的直径为一又四分之一小分，周长为三又四分之三小分。两个相轮（指第一和第十三）之间的相轮渐次减小，（其量度）可以从第十三相轮的顶端至第一相轮的

---

〔1〕 译者注：藏文为 bad chung。

〔2〕 在我看来 nang khong sang gi dbang btang na 的表达应该像这样理解。

底端用粉线绘一直线而知晓。顶端的伞为梵线左右的三分之二小分,其他伞的量度可以从第十三个伞的上部至第一个伞的底端绘一直线而知晓。此上悲顶底端的阔量和第十三个相轮相等,悲顶平正,随高渐次收分,至上部阔量到基线各为一小分。

十六个褶子阔为梵线左右的一又二分之一小分,加上八分之三小分。伞盖底端为梵线左右二分之一小分加四分之一小分,顶端阔为梵线左右两小分。

滴水的高度为二又二分之一小分,宽度为梵线左右每面三小分,与上部伞相等。新月两端张开,自梵线始,各为两小分,尖高与内部高度同,各为一小分[1]。圆形日轮自梵线左右上下(半径)一小分。宝珠阔为左右半小分。日月与宝珠的侧边插有许多防护候鸟的锋利铁签。

其色,宝珠黄色,日轮红色,新月及诸伞盖白色,伞青色,伞的四面绘四种姓印。悲顶褶子的颜色为红色,悲顶为黄色,法轮的阳轮为黄色,阴轮和托木为红色。塔为白色。撑伞(莲)青色,十善黄色,座基绿色。三阶基从下往上依次为红色、青色、黄色。狮面白色,流苏青色,小叠涩红色,大叠涩绿色。

座基的高度为三小分,三级阶梯的高度为每级一小分,大面为一大分又两小分,流苏和小叠涩每个为一小分,大叠涩为两小分。宽度座基左右各为十九又二分之一小分。第一阶梯左右各为十七又二分之一小分,第二阶梯左右各为十六小分,第三阶梯左右各为十四又二分之一小分。大面左右各为十三小分。流苏、小叠涩、大叠涩三者从下往上左右依次为十四、十五、十六小分……

除上面所引资料之外,或许可增加隆多喇嘛(klong rdol bla ma)文集中的一小章,他也以菩提塔为例[2],论述其各部分比例与我上

[1] 谈及高度时,前面给出了月轮中心穿过梵线的较厚部分的高度,现在给出的是伸出两个尖端的部分的高度。

[2] *bzo dang gso ba / skar rtsis rnams las byung ba'i ming gi rnam grang bzhugs so* [工巧、医方、历算学等所出名目], *klong rdol bla ma'i gsung 'bum* [隆多喇嘛文集], ma 册。

面翻译的两篇文献稍有不同。首先绘纵、横向两条垂直相交的线，塔座也作为塔的主体部分。因此，从座基(sa bteg, sa 'dzin)到宝珠作为塔总高的梵线被分为十六大分；每一大分又被分成四小分，这个度量单位与上文提到的相同。但他给出的度量并不完整，如下：

（单位：小分）

名　称	高　度	宽度（梵线的左右）
基座	3	21
阶级（由下至上）	1	19,17,15
大面	6	13
流苏	1	
叠涩（由下至上）[1]	2,½	18,16,14
十善	1	12,½
四阶基	2	12,11,10,9
瓶座	1	8,½
塔瓶	12,⅓	至第9阔10,余3卷杀
八山座	1	
莲花	1	2
十三相轮	13	
悲顶	1	同第十三相轮（⅓）
伞	1,½	同第七相轮
伞盖	½	同第六相轮
新月	1	同伞
日轮	2	2
宝珠	1	1

〔1〕 ba gam dpangs su phyed gsum mo，这种说法就把二分之一小分省略了。

（二）金刚手菩萨与摩诃提婆之战[1]

梵　文

अथ भगवान्सर्वतथागतसमयाकर्षणवज्रं नाम समाधिं समापद्येदं सर्वतथागतसमयाङ्कुशं नाम सर्वतथागतहृदयं स्वहृदयान्निश्चचार ॥ हुं टत्किज्जः ॥ अथास्मिं विनिःसृतमात्रे सर्वलोकधातुप्रसरसमुद्रेषु यावन्तस्त्रैलोक्याधिपतयो महेश्वरादयस्ते सर्वे सर्वलोकसन्निवेशगण-परिवृता अशेषानवशेषाः सर्वतथागतसमयवज्राङ्कुशेनाकृष्टाः समाना येन सुमेरुगिरिमूर्धा येन च वज्रमणिरत्नशिखरकूटागारस्तेनोपसंक्रम्य भगवतो वज्रमणिरत्नशिखरकूटागारस्य सर्वतः परिवार्यावस्थिता अभूवन् ॥ अथ वज्रपाणिस्तद्वज्रं स्वहृदयाद्गृह्योल्लालयन् सर्वावन्तं सकलत्रै-धातुकत्रिलोकचक्रमवलोक्यैवमाह । प्रतिपद्यत मार्षाः सर्वतथागतशासने मम चाज्ञां पालयत । अथ त एवमाहुः। कथं प्रतिपद्यामः । भगवान् वज्रपाणिराह । बुद्धं धर्मं सङ्घं च शरण-प्रतिपत्तितः । सर्वज्ञाज्ञानलाभाय प्रतिपद्यध्वं मार्षा इति ॥ अथ यो ऽस्मिन् लोकधातौ सकलत्रैलोक्याधिपतिर्महादेवः सर्वत्रैलोक्याधिपत्यगर्वितो महाक्रोधतां दर्शयन्नेवमाह ॥ अहं भो

---

〔1〕 译者注：汉译参见北宋施护等译《佛说一切如来真实摄大乘现证三昧大教王经》(第九卷),《大正藏》第 18 册,经号 882,第 370 页下栏至第 372 页中栏。藏译参见 *de bzhin gshegs pa thams cad kyi de kho na nyid bsdus pa zhes bya ba theg pa chen po'i mdo*,德格版, *bka' 'gyur*［甘珠尔］,十万怛特罗部(rgyud 'bum), nya 函,第 50 叶正面第 3 行至第 53 叶正面第 7 行。摩诃提婆(Mahādeva)是大自在天的一个称号。文中脚注均为译者所加。

यक्ष त्रैलोक्याधिपतिरीश्वरः कर्ताधिकर्ता सर्वभूवनेश्वरो देवातिदेवो महादेवः । तत्कथमहं यक्षाज्ञां करिष्यामीति ॥ अथ वज्रपाणिः पुनरापि वज्रमुल्लालयन्नाज्ञापयति । भो दुष्टसत्त्व शीघ्रं प्रविश मण्डलं मम च समये तिष्ठ ॥ अथ महादेवो देवो भगवन्तमिदमवोचत् । को ऽयं भगवन्नीदृशः सत्त्वो यो ऽयमीश्वरस्यैवमाज्ञां ददाति ॥ अथ भगवान् सर्वावन्तं महेश्वरादित्रैलोक्य-गणमाहूयैवमाह । प्रतिपद्यत मार्षास्त्रिशरणगमनसमयसंवरे मायं वज्रपाणिर्यक्षः क्रूरः क्रोधनश्चण्डो महाबोधिसत्त्वश्च वो दीप्तेन वज्रेण सकलमेव त्रैधातुकं नाशयेदिति । अथ महेश्वरः सकलत्रैलोक्याधिपत्यतया स्वज्ञानवशितया च भगवतो वज्रपाणेः सन्दर्शनार्थं महाचण्डक्रोधतां महाभैरवरूपतां महाज्वालोत्सृजनतां महारौद्राटहासतां सह गणैः सन्दर्शयन्नेवमाह । अहं भोः सकलत्रैलोक्याधिपः । त्वां ममाज्ञां ददामीति । अथ वज्रपाणिस्तद्वज्रमुल्लालयन् विहसन्नेवमाह। प्रतिपद्यस्व भो कटपूतनमानुषमांसाहारचितिभस्मभक्ष्यभोज्यशय्यासनप्रावरण ममाज्ञ[मिति]। अथ महेश्वरो महादेवः सकलं त्रैलोक्यं महाक्रोधाविष्टमधिष्ठाय एवमाह । त्वमपि ममाज्ञां पालय समये च प्रतिप[द्यस्वे]ति । अथ वज्रपाणिर्महाक्रोधराजो भगवन्तमेतदवोचत् । अयं भगवन्महादेवो देवः स्वज्ञानबलगर्वान्महैश्वर्या[दाधिप]त्याच्च सर्वतथागतशासने न प्रणमति । तत्कथामस्य क्रियत इति ॥ अथ भगवान्सर्वतथागतहृदयसंभूतं महावज्रसमयं स्मारयति ॥ ओं निशुम्भ वज्र हुं फट् ॥ अथ वज्रपाणिर्महाबोधिसत्त्वः स्ववज्रहृदयमुदाजहार ॥ हुं ॥ अथास्मिं भाषितमात्रे सकलत्रैधातुकसन्निपतिता महादेवादयः सर्वत्रैलोक्याधिपतयो ऽधोमुखाः प्रपतिता आर्तस्वरं मुंचन्तो भगवतो वज्रपाणेश्च शरणं गताः । स च महादेवो देवो भूम्यां प्रपतितो निश्चेष्टीभूतो मृतः । अथ भगवान् जानन्नेव वज्रपाणिमेवमाह । प्रतिपद्यस्व वज्रपाणे अस्य सकलत्रिलोकचक्रस्याभयाय मा पंचत्वमापादय । अथ वज्रपाणिर् महाक्रोधराजो भगवतो वचनमुपश्रुत्य तान् सर्वदेवादीनाहूयैवमाह। बुद्धं धर्मं सङ्घं च शरणं प्रतिपद्यत ममाज्ञाकारितायां च यदीष्टम् वः स्वजीवितमिति ॥ अथ त एवमाहुः। संबुद्धधर्मसङ्घं शरणं गच्छामः त्वच्छासनाज्ञां न जानीम इति ॥ अथ भगवान् वैरोचनस्तथागतस्तानाहूयैवमाह । अयं भो देवा

ऽस्माकं सर्वतथागताधिपतिः सर्वतथागतपिता सर्वतथागताज्ञाकरः सर्वतथागतज्येष्ठपुत्रो भगवान्समन्तभद्रो बोधिसत्त्वो महासत्त्वः सर्वसत्त्वविनयनकार्यकरणतया महाक्रोध-राज्यतायामभिषिक्तः । तत्कस्माद्धेतोः । सन्ति युष्मन्मध्ये महादेवादयो दुष्टगणास्ते सर्वतथागतैरपि न शक्यः सान्ततया पापेभ्यो निवारयितुं । तेषां पापासत्त्वानां निग्रहायाधिष्ठितस्तद्युस्माभिरस्य समये स्थातव्यमित्याज्ञा इति ॥ त एवमाहुरस्माकं भगवन्नस्माज्जीवितविप्रलोपात्परित्रायस्व ॥ यामाज्ञाम् दास्यति तत्करिष्यामह इति । भगवानाह । हूं भो मार्षा एतमेव शरणं गच्छतायमेव वः परित्रास्यति नान्य इति । अथ ते त्रिलोकसकलत्रिधातुकसन्निपतिताः त्रिभुवनपतयो येन भगवान् वज्रधरस्तेनाभिमुखा एककण्ठा महार्तस्वरान् प्रमुंचन्त एवमाहुः । परित्रायस्व भो भगवन् परित्रायस्व … अतो मरणदुःखादिति । अथ वज्रपाणिर्महाबोधिसत्त्वस्तान् देवादीनाहूयैवमाह । हूं भो दुष्टाः प्रतिपद्यत मम शासने मा वो [ऽहम]नेन वज्रेण एकज्वालीकृत्य सर्वानेव भस्मीकुर्यामिति ॥ त एवमाहुः । समन्तभद्रस्त्वं भगवन् सर्वतथागतचित्तोत्पादः … सर्वसत्त्वहितैषी सर्वसत्त्वाभयप्रदः । तत्कथं भगवन्नस्मा-कम् निर्दहिष्यसीति । अथ वज्रपाणिर्महाक्रोधराजस्तानेवमाह । तेनैवा[हं] मार्षाः समन्तभद्रो येन सर्वतथागताज्ञाकारित्वाद्युष्मद्विधानां दुष्टसत्त्वजातायानां पापचित्तानां संबोधनार्थाय । विनाशयामि यदि मत्समये न तिष्ठत इति । ते प्राहुरेवमस्त्विति । अथ वज्रपाणिर्महाक्रोधराजो महेश्वरं मुक्त्वान्यान् देवानाश्वास्योत्थापनार्थमिदं वज्रोत्तिष्ठं नाम सर्वतथागतहृदयमभाषत् ॥ वज्रोत्तिष्ठ ॥ अथास्मिं भाषितमात्रे महेश्वरं मुक्त्वा सर्वे ते त्रिधातुकसन्निपतितास्त्रिभुवनपतयः सपरिवाराः संमूर्छिताः समानाः समाश्वस्तहृदया अभूवन् ॥ दिव्यानि सुखान्यनुभवन्तो विगतभयस्तंभितरोमहर्षा भगवन्तं वज्रपाणिमवलोकयन्तः समुत्थिता इति ॥ अथ भगवान् वज्रपाणिं बोधिसत्त्वमामन्त्रयामास । अयं महासत्त्वो महादेवो देवाधिपतिर्नोत्थापितः तत्किमस्य जीवितविप्रनाशेन कृतेन जीवापयैनं सत्पुरुषो ऽयं भविष्यतीति ॥ अथ वज्रपाणिरेवमस्त्विति कृत्वेदं मृतसंजीवनहृदयमुदाजहार ॥ वज्रायुः ॥ अथास्मिं भाषितमात्रे

महादेवो देवो मृतः संजीव्योत्थातुमिच्छति न शक्नोत्युत्थातुं । ततो भगवन्तमेतदवोचत् । किमहं भगवता एवं शास्यामि । भगवानाह । न त्वं प्रतिपद्यस्यस्य महासत्पुरुषस्याज्ञां कर्तुं । अयमेव ते ऽनुशास्ति नाहं ॥ महेश्वरः प्राह । किं न त्वं भगवं शक्तो ऽस्माद्दुष्ट-सत्त्वात्परित्रातुमिति । भगवानाह । नाहमस्मात्समर्थः परित्रातुं । आह । तत्कस्माद्धेतोः । आह । सर्वतथागताधिपतित्वात् । आह । नाहं भगवन् भगवतो भाषितस्यार्थमाजाने किन्तु यत्र हि नाम तथागतानामपि सर्वत्रिधातुकाधिपतीनामन्यो ऽधिपतिस्तन्न जाने को ऽयमिति ॥ अथ भगवान् वज्रपाणिर्महाबोधिसत्त्वः पुनरपि महादेवमाहूयैवमाह । न प्रतिपद्यसि दुष्टसत्त्व ममाज्ञां कर्तुमिति । अथ महादेवो वज्रसत्त्ववचनमुपश्रुत्य कुपितश्चण्डीभूतस्तथापतित एव पुनरपि महारौद्ररूपतां दर्शयत्येवमाह । मरणमप्युत्सहामि न च तवाज्ञां करिष्यामि । अथ वज्रपाणिर्महाबोधिसत्त्वो महाकोपतां सन्दर्शयन् स्वक्रमतलादिद … रं निश्चचार । ओं पादाकर्षणवज्र हूं ॥ अथ भगवतश्चरणतलात्समन्तज्वालागर्भः कृतभ्रुकुटिदंष्ट्राकरालमहावक्त्रो वज्रानुचरो[वज्रपा]णेः पुरतः स्थित्वाज्ञां मार्गयामास । अथ वज्रपाणिर्महेश्वर-संशोधननिमित्तमेवमाह । ओं पादाकर्षाकर्षय सर्ववज्रध … वज्र हूं जः ॥ अथौवमुक्ते महादेव उमादेवीसहित ऊर्ध्वपादो नग्नः सर्वजगद्भिरुपहस्यमानः पादाकर्षणवज्रानुचरेण भगव [तो वज्रपा]णेः पुरतः पादतले स्थापित इति ॥ अथ वज्रपाणिर्बोधिसत्त्वो भगवन्तमेतदवोचत् । अयं भगवन् दुष्टसत्त्वः सपन्तीकः किङ्करोमी[ति] । भगवानाह । ओं वज्रक्रमहोः ॥ अथैवमुक्ते वज्रपाणिर्महाबोधिसत्त्वो महादेवं वामपादाक्रान्तं कृत्वा दक्षिणेन चोमा … यन्निदं स्वहृदयमुदाजाहार ॥ ओं वज्राविश हन पात्रं त्रट् ॥ अथास्मिं भाषितमात्रे महादेवं समाविष्ठं स्वकरसहस्रेण . [गता]सुमहन्त् । अथ वज्रमणिरत्नशिखरकुटागारस्य बाह्यतः सर्वत्रिभुवनैर्महानादो मुक्तः । अयं सो ऽस्माकमधिपतिरनेन महात्मना … । अथ भगवान्महादेवस्या[विष्ठस्य] महाकरुणामुत्पाद्य इदं सर्वबुद्धमैत्रीहृदयमभाषत् ॥ ओं बुद्धमैत्रीवज्र रक्ष हूं ॥ अथास्मिन् भाषितमात्रे महादेवस्य तदावेशदुःखमुपशान्तं । तच्च

वज्रपाणिपादतलस्पर्शमनुत्तरसिद्धियभिषेकसमाधिविमोक्षधारणीज्ञानाभिज्ञावाप्तये यावन्तथागतत्वाय संवृत्त इति ॥ अथ महादेवो भगवत्पादतलस्पर्शात्सर्वतथागतसमाधिधारणीविमोक्षसुखान्यनुभवन् महादेवकायं वज्रपाणिपादमूले निर्यातयित्वाधस्ताद्द्वात्रिंशद्गङ्गानदीवालुकोपमलोकधातुपरमाणुरजःसमालोकधातवो ऽतिक्रम्य भस्माछन्नो नाम लोकधातुस्तत्र भस्मेश्वरनिर्घोषो नाम तथागत उत्पन्नः।

译　文

于是世尊入于“一切如来三昧耶钩召金刚”三摩地，从其自心发出称之为“一切如来三昧耶钩”的一切如来心(咒)：

“吽 吒枳嚼”〔1〕。

此(咒语)一经发出，遍满一切世界之云海中，三界主宰大自在天等一切全都由安住一切世间之大众围绕，悉皆无余，被一切如来三昧耶金刚钩召请，来到须弥山顶金刚摩尼宝峰楼阁之处，都在世尊所在的金刚摩尼宝峰楼阁周围环绕而住。

于是金刚手(菩萨)从自己心中取出金刚杵，旋绕摇动，观察一切所有三界的三世间后如此说：“诸位仁者！接受一切如来教法，并且执行我的教敕。”

他们如是说：“我们如何实行？”

世尊金刚手说：“佛陀、教法以及僧，皈依(此等而)实行，为获一切智智慧，诸位仁者当实行。”

那时在这个世界上，整个三界的主宰摩诃提婆以整个三界之主而倨傲，现大忿怒相，如是说：“喂！药叉！我是整个三界的主宰大自在天，是创造者、最初的创造者〔2〕，是一切生灵的主宰，是天中天，是摩诃提婆。我为何要听药叉你的话？”

于是金刚手再次旋绕摇动金刚杵，重复他的教敕：“喂！极恶有

---

〔1〕 hūṃ ṭakki jjaḥ.

〔2〕 据藏汉译，此处为“毁灭者”。

情！立即进入曼荼罗，并且住在我的三昧耶中。”

这时摩诃提婆天对世尊如是说：“世尊！如此命令大自在天的有情，（他）是谁？”

于是世尊呼召大自在天等一切三界会众，如是说：“诸位仁者！（你们应当）皈依三宝，实行三昧耶和律仪，否则此金刚手药叉，忿怒凶暴的大菩萨将用他的火焰金刚杵毁灭整个三界。”

此时大自在天自恃为整个三界的主宰，凭借自己的智慧自在，为了向世尊金刚手显示怖畏，与会众一起，现出大威猛忿怒、极度恐怖之身相，喷射出大火焰，发出大恶大笑，如此说：“喂！我是整个三界的主宰，是我给你教敕〔1〕。”

于是金刚手旋绕摇动金刚杵，微笑着说：“喂！（你这个）吃腐烂的人肉，将焚烧尸体的灰作为饮食、卧具、衣服（的家伙），接受我的教敕。”

此时大自在天以大忿怒加持整个三界后，说：“你也听取我的教敕，接受我的三昧耶。”

于是金刚手大忿怒王向世尊祈请：“世尊！这个摩诃提婆天因自己的智慧力而倨傲，以大自在力而不尊重一切如来的教法，对他应如何处置？”

于是世尊让其忆念从一切如来心中出生的大金刚三昧耶：

“唵 儞逊婆 嚩日啰 吽 发吒”〔2〕

于是金刚手大菩萨念诵自己的金刚心（咒）：

“吽”〔3〕

此（咒）一经念出，从整个三界来集会的摩诃提婆等等，一切三界主宰都覆面倒地，发出痛苦的呻吟，向世尊金刚手皈依求救。摩诃提婆天倒在地上，昏迷不醒，即将命终。

这时世尊知晓（一切），对金刚手说：“金刚手！这样做吧，对整个三界的圈子给予无畏，不要让他们死掉。”

---

〔1〕 藏译为 khyod kyis nga la ji'i phyir bka' stsal pa（你为何命令我？）。

〔2〕 oṃ niśumbha vajra hūṃ phaṭ.

〔3〕 hūṃ.

金刚手大忿怒王听了世尊的话后,呼召一切天众,说:“如果你们想活命,就皈依佛、法、僧,执行我的教敕。”

他们说:“我们皈依佛、法、僧,但我们不知道你的经教敕言。”

于是世尊大日如来呼召他们,说:“哦! 诸天众! 他是我们一切如来的主宰,一切如来的父亲。他执行一切如来的教敕,是一切如来的长子。他是世尊菩萨摩诃萨普贤。他为了调伏一切有情的事业,领受了大忿怒王灌顶。为什么呢? 你们中间有摩诃提婆等极恶有情,对于他们,一切如来也不能平息制止其罪恶。(金刚手)为了击败这些罪恶有情而实行加持,因此有‘你们应该住于三昧耶’这样的教敕。”

他们说:“世尊! 请将我们从生命散灭中营救出来,我们也将实行他给予的教敕。”

世尊说:“哦! 诸位仁者! 皈依此者,唯有此者能行救度,而不是别人。”

于是整个三界云集的三有主宰都面朝金刚手所在的地方,异口同声地发出大悲号,说:“世尊! 请救度我们,请将我们从死亡的痛苦中解救出来。”

于是金刚手大菩萨呼召这些天众,说:“喂! 诸位恶者! 接受我的教言,(否则)我用金刚杵发出一道火焰,把你们全都烧成灰烬。”

他们说:“世尊啊! 你是普贤,从一切如来心中出生,寂静调伏〔1〕,愿利益一切有情,对一切有情施予无畏。世尊! 为什么要焚烧我们?”

金刚手大忿怒王说:“诸位仁者! 对于任何执行一切如来教敕的而言,由于这个原因,我就是普贤。对于像你们这样天性恶毒的有情而言,为了清净你们罪恶的心思,如果你们不住于我的三昧耶,我就要消灭你们。”

他们说:“就这样吧(我们皈依你)。”

于是金刚手大忿怒王为了安慰除了大自在天以外的其他天众,

---

〔1〕 梵文缺,据藏汉译补。

使他们起来，念诵称之为“金刚起”的一切如来心（咒）：

“嚩日噜底瑟姹”[1]

此（咒语）一经念诵，除了大自在天，三界聚集的昏迷的三有主宰和他们的眷属全都心里得到安慰，感觉到天的安乐，远离怖畏，身毛喜竖。（他们）注视着金刚手，（从地上）站了起来。

于是世尊告诉金刚手菩萨：“此大有情，天之主宰，摩诃提婆没有站起来，让他失去生命怎么合适呢？救活他，他也将成为善士。”

金刚手思维“就这样办吧”后，念诵死者复活心（咒）：

“嚩日啰喻”[2]

刚一念诵，摩诃提婆天就从死亡中复活过来，（他）想站起来，但是却不能站起来。于是他对世尊说：“哪个世尊这样调伏我？”

世尊说：“你没有听从大善士的教敕，调伏你的是他，不是我。”

大自在天说：“世尊！你为什么不能救度这些极恶有情？”

世尊说：“我不能救度。”

（大自在天）说：“为什么呢？”

（世尊）说：“因为（金刚手）是一切如来的主宰。”

（大自在天说）：“世尊！我不理解您的话的含义。为什么呢？整个三界的主宰，除了如来，我不知道存在其他主宰，他是谁呢？”

于是世尊金刚手大菩萨再次呼召摩诃提婆，说：“极恶有情！你不接受我的教敕吗？”

摩诃提婆听了金刚手的话后，变得狂躁忿怒，尽管倒在地上，但再次示现出大怖畏相，说：“我宁愿死也不执行你的话。”

于是金刚手大菩萨示现出极大忿怒，从自己的脚底产生出阿耨左啰[3]：

“唵 播那葛哩沙拏 嚩日啰 吽”[4]

---

[1] vajrottiṣṭha.

[2] vajrāyuḥ.

[3] “阿耨左啰”梵文缺，据藏汉译补，藏译为 rjes su spyod pa，梵文可还原为 anucara。

[4] oṃ pādākarṣaṇa vajra hūṃ.

于是从世尊的脚底现出金刚阿耨左啰,(他)大脸獠牙,皱着眉头,四周烈焰环绕,站在金刚手面前,等候教敕。

于是金刚手为了清净大自在天,念诵道:

“唵 播那葛哩沙葛哩沙野 萨哩嚩嚩日啰达啰耨左啰 建茶建茶嚩日啰 吽弱”〔1〕

这样念诵后,摩诃提婆和乌摩天后双脚朝天,赤身裸体,所有人都耻笑(他俩),(他俩被)脚(底所现的)金刚阿耨左啰钩召,安置于世尊金刚手的双脚前面。

金刚手菩萨对世尊说:“世尊!我如何处置这个极恶有情和他的妻子?”

世尊说:

“唵 嚩日啰讫啰摩呼”〔2〕

这样说后,金刚手大菩萨用左脚踏住摩诃提婆,右脚踏在乌摩天后的身上〔3〕,宣说自己的心(咒):

“唵 嚩日啰尾舍 喝那野怛囕 怛啰咤”〔4〕

刚一念诵,摩诃提婆就用自己的一千只手打自己的一千面脸。于是金刚摩尼宝峰楼阁的外面,一切三有都发出大的声音,说:“我们的主宰被这个大士调伏了。”〔5〕

于是世尊对摩诃提婆生起大悲心,念诵一切如来慈心(咒):

“唵 没驮昧底哩嚩日啰荦叉欨”〔6〕

刚一念诵,摩诃提婆所感觉到的痛苦就消除了,而且由于与金刚手的脚底接触的缘故,获得无上成就灌顶、三昧、解脱、总持、智慧、神通等等,入于如来之性。

于是摩诃提婆由于与世尊金刚手的脚底接触,感受到一切如来

---

〔1〕 pādākarṣākarṣya sarvavajradharānucarākaḍḍhākaḍḍha vajra hūṃ jaḥ,梵文缺“rānucarākaḍḍhākaḍḍha”,据藏汉译补。

〔2〕 oṃ vajrakrama hoḥ.

〔3〕 “身上”据藏译(steng),梵文缺,汉译有“逼附乳间”四字。

〔4〕 oṃ vajrāviśa hana pātraṃ traṭ,其中 pātraṃ 藏译为 pataṃ,汉译为 yātraṃ,此处据汉译。

〔5〕 “调伏了”据藏汉译补,梵文缺。

〔6〕 oṃ buddhamaitrīvajra rakṣa hūṃ.

的三昧、总持、解脱安乐，摩诃提婆将自己身体献在金刚手的脚下后，下方过三十二恒河沙数极微尘量等世界，有一个叫跛娑摩餐那的世界〔1〕，于此处有如来出世，叫跛娑弥莎啰你哩瞿沙〔2〕。

〔1〕 Bhasmāchanna，意为“灰覆”。
〔2〕 Bhasmeśvaranirghoṣa，意为“灰自在音”。

参考文献

Annual Bibliography of Indian Archaeology for the Year 1928, Leyden, E. J. Brill, 1930.

Bendall, Cecil, *Catalogue of the Buddhist Sanskrit Manuscripts in the University Library Cambridge*, Cambridge University Press, 1883.

Bhattacharyya, Benoytosh, *The Indian Buddhist Iconography Mainly Based on the Sādhanamālā and Other Cognate Tāntric Texts of Rituals*, Calcutta, Oxford University Press, 1924.

Bhattacharyya, Benoytosh (edited by), *Sādhanamālā*, Baroda, Oriental Institute, 1925 – 1928, 2 vols.

Sādhanamālā I = Bhattacharyya, Benoytosh (edited by), *Sādhanamālā*, Baroda, Oriental Institute, 1925, vol. I.

Sādhanamālā II = Bhattacharyya, Benoytosh (edited by), *Sādhanamālā*, Baroda, Oriental Institute, 1928, vol. II.

Bhattacharyya, Benoytosh (edited by), *Guhyasamāja Tantra or Tathāgataguhyaka*, Baroda, Oriental Institute, 1931.

Bhattasali, Nalini K., *Iconography of Buddhist and Brahmanical Sculptures in the Dacca Museum*, Dacca, Dacca Museum, 1929.

Biasutti, Renato e Giotto Dainelli, *I tipi umani*, Bologna, N. Zanichelli, 1925.

Coedès, George, *Bronzes khmèrs. Étude basée sur des documents recueillis par M. P. Lefèvre-Pontalis dans les collections publiques et privées de Bangkok et sur les pièces conservées au Palais Royal de Phnom Penh au Musée du Cambodge et au Musée de l'École Française d'Extrême-Orient*, Paris-Bruxelles, Librairie Nationale d'art et d'histoire G. van Oest et C. ie, 1923.

Coedès, George, "Tablettes votives bouddhiques du Siam", in *Études asiatiques publiées à l'occasion du vingt-cinquième anniversaire de l'École Française d'Extrême-Orient*, [Paris], Librairie Nationale d'art et d'histoire G. van Oest, 1925.

Cordier, Palmyr, *Catalogue du Fonds Tibétain de la Bibliothèque Nationale. Index du Bstan-ḫgyur (Tibétain 108 – 179)*, Paris, Imprimerie Nationale E. Leroux, 1909, deuxième partie.

Cordier II = Cordier, Palmyr, *Catalogue du Fonds Tibétain de la Bibliothèque Nationale. Index du Bstan-ḫgyur* (*Tibétain 108 – 179*), Paris, Imprimerie Nationale E. Leroux, 1909, deuxième partie.

Csoma de Körös, Alexander [Körösi Csoma, Sándor] (edited and translated by), "Sanskrit-Tibetan-English Vocabulary being an Edition and Translation of the Mahavyutpatti", *Memoirs of the Asiatic Society of Bengal*, 4, 1910, pp. 1 – 127.

Cunningham, Alexander, *Mahābodhi or the Great Buddhist Temple under the Bodhi Tree at Buddha-Gaya*, London, W. H. Allen and co., 1892.
Dainelli, Giotto, *Le condizioni delle genti*, Bologna, N. Zanichelli, 1924.
Dainelli, Giotto, *Paesi e genti del Caracorùm. Vita di carovana nel Tibet occidentale*, Firenze, L. Pampaloni Editore, 1924, 2 voll.
Das, Sarat C., *A Tibetan-English Dictionary with Sanskrit Synonyms*, Calcutta, The Bengal Secretariat Book Depôt., 1902.
Desgodins, Auguste, M. E. P., *Dictionnaire thibétain-latin-français par les Missionnaires catholiques du Thibet*, Hongkong, Imprimerie de la Société des Missions Étrangères, 1899.
Evans-Wentz, Walter Y., *Tibet's Great Yogī Milarepa. A Biography from the Tibetan being the Jetsün-Kahbum or Biographical History of Jetsün-Milarepa, According to the Late Lāma Kazi Dawa-Samdup's English Rendering*, London, Oxford University Press, 1928.
Foucher, Alfred, *L'Art gréco-bouddhique du Gandhāra. Étude sur les origines de l'influence classique dans l'art bouddhique de l'Inde et de l'Extrême-Orient*, Paris, Imprimerie Nationale E. Leroux, 1905, vol. I.
Foucher, Alfred, "Le 'grand miracle' du Buddha à Çrāvastī", *Journal Asiatique*, 13 [dixième série], 1909, pp. 5 – 78.
Foucher, Alfred, *The Beginnings of Buddhist Art and Other Essays in Indian and Central-Asian Archaeology*, Paris-London, P. Geuthner-H. Milford, 1917.
Francke, August H., *Dritte Sammlung von Felszeichnungen aus Unter-Ladak*, Leh (Ladakh), Missions-Presse, 1902.
Francke, August H., "Notes on Rock Carvings from Lower Ladakh", *The Indian Antiquary. A Journal of Oriental Research*, 31, 1902, pp. 398 – 401.
Francke, August H., *Antiquities of Indian Tibet*, Calcutta, Superintendent Government Printing, 1914, part I (*Personal Narrative*).
Gaṇapati Sāstrī, Taruvāgrahāram (edited by), *The Āryamañjusrīmūlakalpa*, Trivandrum, Government Press, 1920 – 1925, 3 parts.
Grünwedel, Albert, *Mythologie des Buddhismus in Tibet und der Mongolei. Führer durch die lamaistische Sammlung des Fürsten E. Uchtomskij*, Leipzig, F. A. Brockhaus, 1900.
Grünwedel, Albert, *Obzor sobranija predmetov Lamajskago kul'ta kn È. È. Uhtomskago*, Sankt Petersburg, Imperatorkaja Akademija Nauk, 1905.
Grünwedel, Albert, *Der Weg nach Śambhala (Śambalai lam yig) des dritten Gross-Lama von bKra śis lhum po bLo bzaṅ dPal ldan Ye śes*, München, Verlag der Königlich Bayerischen Akademie der Wissenschaften, 1915.
Hackin, Joseph, *Formulaire sanscrit-tibétain du Xe siécle*, Paris, Librairie Orientaliste P. Geuthner, 1924.
Jäschke, Heinrich A., *Handwörterbuch der tibetischen Sprache*, Gnadau, Unitätsbuchhandlung, 1871.
Julien, Stanislas, *Mémoires sur les contrées occidentales traduit du sanscrit en chinois, en l'an 648, par Hiouen-thsang*, Paris, Imprimerie Impériale, 1857, vol. I.
Kern, Hendrik, *Manual of Indian Buddhism*, Strassburg, Verlag von Karl J. Trübner, 1896.
Konow, Sten (edited by), *Corpus Inscriptionum Indicarum. Kharoshṭhī Inscrip-*

tions with the Exception of those of Aśoka, Calcutta, Government of India Central Publication Branch, 1929, vol. II, part I.

Lalou, Marcelle, *Iconographie des étoffes peintes (paṭa) dans le* Mañjuśrīmūlakalpa, Paris, Librairie Orientaliste P. Geuthner, 1930.

Laufer, Berthold (hrsg. und übers.), *Das Citralakshaṇa nach dem tibetischen Tanjur*, Leipzig, O. Harrassowitz, 1913.

Laufer, Berthold, "Loan-words in Tibetan", *T'oung Pao*, 17, 1916, pp. 403 - 552.

Legge, James (translated and annotated by), *A Record of Buddhistic Kingdoms being an Account by the Chinese Monk Fa-hien of His Travels in India and Ceylon (A. D. 399 - 414) in Search of the Buddhist Books of Discipline*, Oxford, Clarendon Press, 1886.

Lévi, Sylvain, "Une poésie inconnue du roi Harṣa Śīlāditya", *in Actes du dixième Congrès international des Orientalistes*, Leide, E. J. Brill, 1897, première partie, pp. 187 - 203.

Marshall, John (edited by), *Mohenjo-daro and the Indus Civilization being an Official Account of Archaeological Excavations at Mohenjo-daro carried out by the Government of India between the Years 1922 and 1927*, London, Arthur Probsthain, 1931.

Mason, Kenneth, *Routes in Western-Himalaya, Kashmir etc. Ladakh*, Dehra Dun, Government of India Press, 1922.

Pelliot, Paul, "La théorie des quatre fils du Ciel", *T'oung Pao*, 22, 1923, pp. 97 - 125.

Przyluski, Jean, *La légende de l'Empereur Açoka* (Açoka-avadāna) *dans les textes indiens et chinois*, Paris, P. Geuthner Éditeur, 1923.

Przyluski, Jean, "Un dieu iranien dans l'Inde", *Rocznik Orjentalistyczny*, 7, 1929 - 1930, pp. 2 - 9.

Schlagintweit, Emil, *Buddhism in Tibet Illustrated by Literary Documents and Objects of Religious Worship. With an Account of the Buddhist Systems Preceding it in India*, Leipzig-London, F. A. Brockhaus-Trübner and co., 1863.

Senart, Émil (edited by), *Le Mahāvastu*, Paris, Imprimerie Nationale, 1882 - 1897, 3 vols.

Shastri, Haraprasad (edited by), *The Vṛihat Svayambhū Purāṇam Containing the Traditions of the* Svayambhū Kshetra *in Nepal*, Calcutta, The Asiatic Society, 1894 - 1900.

Shastri, Haraprasad (edited by), *Advayavajrasaṁgraha*, Baroda, Oriental Institute, 1927.

Tailaṅga, Gaṅgā-dhara Śāstrī (edited by), Jayanta Bhaṭṭā, *Nyāyamañjarī*, Benares, E. J. Lazarus and co., 1895, vol. VIII, part I.

Trivikrama Tīrtha (edited by), *Pārānanda sūtra*, Baroda, Oriental Institute, 1931.

Tsybikov [Cybikov], Gombožab, *Musei Asiatici Petropolitani Notitiae*, VII.

Tucci, Giuseppe, *In cammino verso la luce di Çāntideva*, Torino, Paravia, 1925.

Tucci, Giuseppe, "Notes on the Laṅkāvatara", *Indian Historical Quarterly*, 4, 1928, pp. 545 - 556.

Vallée Poussin, Louis de la, "Bouddhisme. Études et matériaux. Ādikarmapradīpa, Bodhicaryāvatāraṭīkā", *Mémoires couronnés et mémoires des savants étrangers, publiés par l'Académie Royale des sciences, des lettres et des beaux-arts de Belgique*, 55, 1898, pp. 177 – 232.

Waddell, Laurence A., "Discovery of Buddhist Remains at Mount Uren in Mungir (Monghyr) District, and Identification of the Site with a Celebrated Hermitage of Buddha", *Journal of the Asiatic Society of Bengal*, 61, 1892, pp. 1 – 24.

Waddell, Laurence A., *The Buddhism of Tibet or Lamaism with its Mystic Cults, Symbolism and Mythology, and in its Relation to Indian Buddhism*, London, W. H. Allen and co., 1895.

图　版

a

b

a

b

a

b

（第 43 页）

a

b

a

b

（第 46 页）

a

b

a

b

c

a

b

（第 49 页）

a

b

c

d

e

f

a

b

a

b

a

b

a

b

（第 57 页）

a

b

a

b

a

b

a

b

a

b

图版 29

（第 60 页）

a

b

图版 30

a

b

c

d

a

b

a

b

a

b

a

b

a

b

a

b

（第 71 页）

a

b

图版 43 (第 27 页)